O SOFRIMENTO do PASTOR

editora
ESPERANÇA

João Rainer Buhr

O SOFRIMENTO do PASTOR

Um mal silencioso enfrentado por Paulo e por pastores ainda hoje

1ª edição

Curitiba/PR
2017

editora
ESPERANÇA

João Rainer Buhr
O sofrimento do pastor
Um mal silencioso enfrentado por Paulo e por pastores ainda hoje

Coordenação editorial: Claudio Beckert Jr.
Revisão: Josiane Zanon Moreschi
Edição: Sandro Bier
Capa: Sandro Bier
Editoração eletrônica: Josiane Zanon Moreschi

Dados Internacionais de Catalogação na Publicação (CIP)

> Buhr, João Rainer
> O sofrimento do pastor : um mal silencioso enfrentado por Paulo e por pastores ainda hoje / João Rainer Buhr. - Curitiba, PR : Editora Esperança, 2017.
> 160 p.
>
> ISBN 978-85-7839-195-9
>
> 1. Pastor - Liderança da igreja   2. Paulo (Apóstolo)   3. Sofrimento - Ensino bíblico   I. Título
>
> CDD-253

Salvo indicação diferente, os textos bíblicos citados foram extraídos da tradução Almeida Revista e Atualizada, Sociedade Bíblica do Brasil, 1988, 1993.

Todos os direitos reservados.
É proibida a reprodução total e parcial sem permissão escrita dos editores.

Editora Evangélica Esperança
Rua Aviador Vicente Wolski, 353 - CEP 82510-420 - Curitiba - PR
Fone: (41) 3022-3390
comercial@editoraesperanca.com.br - www.editoraesperanca.com.br

editores cristãos

A Deus, por me dar a vida e me sustentar fielmente durante todo o ministério pastoral;

A Tania Mara, minha querida esposa, que nunca deixou de me incentivar e apoiar;

A Rebeca e Cecília, minhas amadas filhas, que, com sua espontaneidade, tornaram mais leves momentos tensos e difíceis;

A meus pais, João e Barbara Buhr, que sempre me incentivaram a estudar;

À Igreja Menonita de Curitiba, pela compreensão e auxílio;

Ao meu orientador, Professor Dr. Marlon Ronald Fluck, por sua paciência, companheirismo e amizade;

Aos colegas de ministério e demais professores que me ajudaram nesta pesquisa, compartilhando suas dores, emprestando livros e sugerindo ideias.

"O autor está certo, não se pode mais manter a imagem do pastor como um super-homem que tudo suporta. Como ele bem demonstra nesta obra, essa caricatura pastoral não resiste à demonstração das estatísticas e da análise bíblica. Sim, é realidade, pastores sofrem e até suicidam-se por isso. Assim, este ótimo estudo chega na hora exata para nos ajudar a enfrentar essa tão grave questão. Vale a pena ler e seguir as suas orientações."

Prof. Renato Gusso
Doutor em Teologia, doutor em Ciências da Religião,
pró-reitor das Faculdades Batistas do Paraná,
professor de Mestrado, pastor da Igreja Batista Ágape.

"A leitura do livro do Pr. João Buhr é um caminho pelo sofrimento ministerial bíblico, e também um alerta para nós, ministros da Palavra, para que possamos melhor cuidar de nós mesmos, da família e da Igreja, e, como pastor e psicólogo, recomendo, pois mostra a importância de que este cuidado seja bio-psico-socio-espiritual. Seguindo a visão de Jesus: *'No mundo, passais por aflições; mas tende bom ânimo; eu venci o mundo'* (Jo 16.33)."

Guilherme Falcão
Prof. Me. pastor, psicólogo e filósofo; presidente
do Corpo de Psicólogo e Psiquiatra Cristãos – CPPC.

"Os pastores têm um chamado especial para cuidar do coração de pessoas que sofrem. Entretanto, pastores também sofrem, tanto por serem pessoas, quanto por serem pastores. O Pr. João Buhr consegue demonstrar isto com a sensibilidade de um pastor e com a maestria de um estudioso das Escrituras. A partir da vida de Paulo, o autor reflete tanto sobre as causas do sofrimento, quanto sobre como enfrentar este sofrimento. Meu desejo é que a leitura desta obra edifique grandemente sua vida e seu ministério."

Dr. Claiton André Kunz
Pastor na Primeira Igreja Batista em Ijuí, diretor
da Faculdade Batista Pioneira e professor da FABAPAR.

Sumário

Apresentação 13

Introdução 15

1 Pastores também sofrem 25

    1.1 Constatando o sofrimento dos pastores 27

    1.2 O que causa sofrimento aos pastores 31

           1.2.1 Falta de cuidado da igreja com seu pastor 32

           1.2.2 Falta de cuidado próprio do pastor 37

           1.2.3 Excesso de cobranças e críticas 41

           1.2.4 O pastor se envolve com o sofrimento dos outros 43

           1.2.5 A família do pastor é o alvo 46

           1.2.6 O pastor não tem com quem desabafar: solidão 48

           1.2.7 A igreja é conduzida como uma empresa 50

	1.2.7.1	Pastores são cobrados como executivos............55
	1.2.7.2	O sofrimento do pastor se propaga............57
	1.2.7.3	A obsessão pelo sucesso leva o pastor ao sofrimento............58
	1.2.7.4	O imediatismo traz sofrimento ao pastor............60
1.2.8	Remuneração insuficiente............62	

2 Paulo: o exemplo bíblico do pastor que sofre............65

2.1 O sofrimento inerente ao ministério pastoral............68

2.2 Paulo: apóstolo ou pastor?............70

2.3 Durante toda a sua vida como pastor, Paulo sofreu............76

    2.3.1 Sofrimento causado pelos judeus............79

    2.3.2 Sofrimento causado pelos gentios............83

    2.3.3 Sofrimento causado pelos judaizantes............85

    2.3.4 Paulo foi zombado, desprezado e enfrentou o desânimo e a ansiedade............89

    2.3.5 Sofrimento causado por igrejas............92

    2.3.6 Dúvidas quanto à direção de Deus e ao espinho na carne............96

    2.3.7 Sofrimento causado por falsas acusações e calúnias............97

    2.3.8 Abandonado e só no final da sua vida............100

    2.3.9 Paulo listou e resumiu seus sofrimentos............101

3 Como Paulo enfrentou o sofrimento............105

3.1 Para Paulo, o sofrimento era a consequência da fidelidade ao seu chamado............107

3.2 Para Paulo, seu sofrimento prova que ele é um verdadeiro apóstolo............112

3.3 Para Paulo: na fraqueza, ele era forte..115

3.4 Paulo participava dos sofrimentos de Cristo............................119

3.5 O sofrimento não tirava a alegria de Paulo...............................122

3.6 Cuidem de vocês mesmos..127

3.7 Tenham amigos e compartilhem as dificuldades....................133

3.8 O sofrimento atual é bem menor do que a glória futura......137

Conclusão..141

Referências bibliográficas..149

Apresentação

Foi um privilégio orientar a elaboração da pesquisa de João Rainer Buhr, bem como agora tenho a honra de apresentá-la quando é lançada como livro. Na verdade, ele é o primeiro dos mestrandos que orientei a concluir a dissertação de Mestrado. Certamente este processo, que também se tornou uma grande amizade, tem sido uma marca na minha trajetória de docente.

João colocou em diálogo a situação atual dos pastores com a atuação prática do apóstolo Paulo, tido por ele como modelo para o pastorado. Ele constatou que Paulo sofreu muito no exercício de seu ministério. Seu pressuposto é que os pensamentos e as convicções do apóstolo poderão auxiliar no enfrentamento das dificuldades dos pastores de hoje e na consequente superação das mesmas.

Para o autor, está claro que muitos imaginam que o pastor seja um super-herói e, portanto, não necessite de nenhum cuidado ou apoio no desempenho de suas funções e missão de vida. João Rainer Buhr coordenou durante sete anos a Associação das Igrejas Menonitas do Brasil (AIMB), formada por nove igrejas localizadas nos estados de Santa Catarina e Paraná. Constatou que os pastores enfrentam problemas e, na maioria das vezes, não têm apoio para superá-los.

As causas dos sofrimentos dos pastores dos dias atuais certamente são diferentes daquelas que geraram provações na vida do apóstolo Paulo, mas os efeitos dos sofrimentos que enfrentam hoje são semelhantes aos dele. Os pastores – inclusive Paulo – não são imunes a dores e angústias. João Rainer Buhr defende que o não reconhecimento dessa realidade colabora para a falta de cuidado para com os pastores, bem como deles consigo mesmos.

Paulo deveria nos servir de modelo! Os sofrimentos que experimentou foram severos. Isso demonstra que os sofrimentos dos pastores não são algo novo. O estudo da maneira pela qual ele superou dores, perdas e angústias pode motivar os atuais pastores a vencerem as dificuldades que enfrentam na prática da vida pastoral. Além disso, o autor também parte do pressuposto que o rendimento de Paulo para o Reino de Deus foi proporcional aos seus sofrimentos. Diante dos sofrimentos, o apóstolo respondia com perseverança. Sua vida e a maneira pela qual enfrentava suas angústias é exemplo a ser seguido, a fim de que os pastores da atualidade encontrem alívio em meio às dificuldades.

Nosso desejo é que outros autores brasileiros possam seguir o bom exemplo de João Rainer Buhr e passem a trabalhar teologicamente as necessidades próprias do nosso contexto de uma forma integral. Que o fruto da pesquisa possa se expandir e ajudar a nós todos a "prosseguir para o alvo, para o prêmio da soberana vocação de Deus em Cristo" (Filipenses 3.14).

Prof. Dr. Marlon Ronald Fluck

Marlon Ronald Fluck é doutorado em Teologia pela Universidade de Basileia, na Suíça. Pastor da Igreja Evangélica de Confissão Luterana no Brasil e professor de Teologia.

Introdução

Lembro-me bem de uma querida família, muito dedicada, que estava trabalhando em uma igreja na qual não recebia grande apoio dos membros. A comunidade era pequena e todo o trabalho ficava sobre os ombros do pastor e de sua família. A igreja ficava em uma cidade do interior, longe de centros maiores, de familiares ou colegas que pudessem dar suporte quando as dificuldades apareciam.

Esperava-se que eles conseguissem trazer grande crescimento a uma igreja de aproximadamente quarenta membros. Encontraram-na despreocupada e desmotivada, poucos membros estavam engajados no trabalho. Grandes expectativas e exigências aguardavam o pastor, sua esposa e seus três filhos. Esperava-se que toda a família estivesse envolvida na obra.

O pastor, como líder da igreja, coordenava e supervisionava os trabalhos eclesiásticos e, além disso, era o responsável pelos trabalhos de construção do novo templo. Serviços de alvenaria, instalação hidráulica e elétrica, pinturas, limpeza e organização eram de sua responsabilidade. A esposa, além de ajudar seu marido, era a líder das mulheres na igreja. Também organizava a

EBD (Escola Bíblica Dominical) e ajudava na organização dos cultos, nos grupos de meninas e de jovens. A expectativa era de que os filhos fossem ótimos exemplos de vida cristã para a comunidade. Além disso, também precisavam estar envolvidos nos mais diversos ministérios: grupo de meninas, grupo de jovens, professores de EBD e no ministério de louvor. Como na maioria das igrejas, a família do pastor precisava ser perfeita e unida no trabalho para o Reino de Deus.

Apesar de toda a família estar engajada, somente o pastor era remunerado. O sustento de toda a casa dependia de seu limitado salário. Não poucas vezes faltavam recursos para roupas, exames médicos urgentes, remédios, material escolar, entre outros. As dificuldades financeiras, aliadas às pressões para o crescimento da igreja, muitas vezes traziam desespero à família. Nestes momentos de angústia, a solidão e a distância da família e dos amigos geravam grandes dores.

Situações assim não são exceções, pelo contrário, são muito comuns. Nestes momentos é impossível tratar de estratégias sobre o desenvolvimento da igreja. O mais urgente é tratar a vida da família pastoral, ter tempo para ouvir suas histórias e angústias, deixar que eles contem qual o tipo e o tamanho de sua dor, deixá-los desabafar e orar por suas vidas.

Histórias assim mostram que pastores são pessoas que também passam por sofrimentos, enfrentam angústias e dores, crises e problemas que podem gerar grandes transtornos para eles próprios e suas famílias. Embora o assunto seja desconhecido por muitos ou cause espanto a alguns membros de igrejas, a realidade é que eles têm sofrido e, na maioria das vezes, não têm encontrado ajuda. Mesmo que pareça, a vida dos pastores não se resume a momentos alegres; muito pelo contrário, eles também enfrentam situações muito desgastantes.

Querido leitor, meu objetivo inicial neste livro é desconstruir o paradigma, muito comum em algumas igrejas evangélicas brasileiras, de que pastores não sofrem. Por meio de estatísticas americanas e brasileiras tentarei mostrar que pastores também estão sujeitos a dores e angústias. Após esta constatação, citarei oito fatores que causam sofrimento aos atuais pastores. Tão importante como concluir que pastores sofrem, é descobrir a causa disso, os motivos que os levam ao sofrimento e ao desespero.

Uma das maiores causas do sofrimento dos pastores é sua idealização. A igreja enxerga o pastor como um super-herói que não passa por dificuldades e, então, causa sofrimento aos pastores de inúmeras maneiras, uma vez que não cuida dos mesmos como deveria, gerando, assim, tensões desnecessárias sobre suas vidas.

Dores e angústias podem ser geradas quando pastores são constantemente cobrados e criticados excessivamente pelos membros das igrejas. A situação fica ainda pior quando a família do pastor é o alvo das críticas. Isso o machuca e causa grande desgaste. Também pesquisei o problema da solidão pastoral. Muitas vezes, o pastor não tem com quem desabafar. Ele também é humano e necessita de amigos que o escutem.

Uma situação comum atualmente é a preocupação das igrejas com seu crescimento. Para conseguir aumentar de tamanho, muitas vezes, são administradas como empresas. Agindo assim, fazem grandes cobranças aos pastores, que sofrem grandes tensões para atender aos anseios da equipe de liderança. Uma remuneração insuficiente também pode causar angústias e medos ao pastor e à sua família.

Também é normal o próprio pastor entender que é um super-herói e que não precisa de cuidados. Ele também causa seu próprio sofrimento quando não se cuida adequadamente. Portanto, tentarei mostrar que esta postura traz dores aos pastores.

Outro ponto abordado é o perigo que pastores correm quando se envolvem demais com o sofrimento das pessoas. Não é incomum observar que as aflições das pessoas atendidas pelos pastores também os atingem.

O alvo seguinte é verificar o que a Bíblia ensina sobre sofrimento. Ele é exclusivo dos pastores ou outras pessoas também sofrem? É possível que pastores sofram mais por estar em posição de liderança? Estas perguntas nos auxiliam a perceber o que a Bíblia fala a respeito do tema. Facilmente percebemos que o sofrimento não é exclusividade dos pastores. Em decorrência da queda, todas as pessoas precisam trabalhar duro para conseguir seu sustento.

Após esta constatação faço uma comparação dos pastores atuais com algum pastor mencionado na Bíblia. Paulo é nosso exemplo bíblico de pastor e terá sua vida analisada. Não é difícil perceber que ele também sofreu muito atuando como pastor. Mesmo que as causas hoje sejam diferentes, fica evidente que os efeitos dos sofrimentos que ele enfrentou são muito semelhantes aos enfrentados pelos pastores modernos. É fácil perceber que o sofrimento fazia parte de sua vida.

Paulo foi muito perseguido por vários grupos de pessoas. Os judeus o perseguiam implacavelmente: em várias cidades causaram-lhe grandes dificuldades. Ele era insultado, obrigado a fugir e até mesmo agredido. Os gentios também causaram grandes danos à sua vida. Perseguições, surras e prisões eram reações comuns deles ao seu trabalho. Os judaizantes – pessoas cristãs judaicas que se opunham aos ensinos de Paulo – são o terceiro grupo de perseguidores de Paulo que é analisado. Eles sempre exigiam que os novos cristãos cumprissem as leis judaicas; portanto, causavam grandes tensões ao seu ministério.

Paulo ainda foi zombado e desprezado enquanto pregava a Palavra de Deus. Então, também verificamos que ele precisou enfrentar o desânimo e a ansiedade, algo comum também atualmente entre os pastores. Igrejas também causavam preocupações e sofrimentos a Paulo. Fica claro que rebeliões contra sua pessoa e desvios doutrinários causavam grandes aflições em sua vida. Apesar de ter certeza de que Deus o havia chamado para o seu trabalho, Paulo passava momentos de incertezas quanto à direção de Deus. O espinho na carne, um misterioso sofrimento, também lhe causou dores fortes e constantes.

Paulo foi vítima de falsas acusações e calúnias. Além de sofrer violentos ataques, ainda ficou preso, durante muito tempo, em decorrência de mentiras e difamações. Demonstrarei que um homem que sempre trabalhou com pessoas pode ficar abandonado e sozinho: o final de sua vida ilustra bem essa realidade. Neste momento crítico, estava idoso, preso, solitário e passava frio. No final do segundo capítulo, será apresentada uma lista que resume os sofrimentos que acompanharam Paulo durante toda a sua vida.

O objetivo final deste livro é encontrar auxílio para minimizar o sofrimento dos pastores atuais. Para atingi-lo, novamente Paulo é utilizado como exemplo de pastor que encarava suas dores e angústias. Fiz um levantamento de como ele enfrentava seus problemas. O pressuposto é que seus pensamentos e convicções podem auxiliar os pastores de hoje a também enfrentar e superar as dificuldades que encontrarem. Ele sempre teve sofrimentos; no entanto, não permitiu que os mesmos paralisassem sua vida. A maneira como ele os encarava poderá ser de grande auxílio ainda hoje.

Como ele, então, conseguia manter-se fiel ao seu chamado, apesar dos grandes sofrimentos enfrentados? Esta é a pergunta que procuro responder. A proposta é verificar qual segredo mantinha Paulo tão focado e leal aos seus objetivos. Seu exemplo de superação também pode ser usado para os pastores de hoje, pois serão motivados a seguir firmes e inabaláveis, apesar das dificuldades enfrentadas. A teologia paulina sobre o sofrimento servirá para motivar e auxiliar os atuais pastores a continuarem sua caminhada.

Mostrarei, ainda, que Paulo se mantinha ativo, apesar dos sofrimentos. Ele entendia que suas aflições eram consequência da fidelidade ao seu chamado: sofria porque cumpria fielmente o propósito de Deus em sua vida. Seu sofrimento também prova que ele era um verdadeiro apóstolo. Para ele, o fato de sofrer não era um sinal de derrota, mas de sucesso, afinal, ele cria que suas angústias e dores legitimavam seu apostolado.

Observando a vida de Paulo, fica nítido que ele era forte na fraqueza. Quando suas forças acabavam, ele dependia mais e apenas do poder de Deus, e isso o tornava mais forte. A força estava em Deus e não nele. Também acreditava que participava dos sofrimentos de Cristo. Para Paulo, não havia nada de errado nisso, era consequência do seu entendimento sobre a salvação.

Portanto, cria que a salvação é um processo no qual os cristãos passam por boas e más experiências.

O sofrimento não tirava a alegria de Paulo. Ele nunca se revoltou ou reclamou por causa das angústias que enfrentava. Pelo contrário, motivava os cristãos a estarem sempre alegres, mesmo em meio a crises e dores. Paulo também tomava atitudes que o protegiam em meio às tribulações da vida. Ele sabia que, como pastor, precisava se cuidar: alertava que o cuidado próprio deveria vir antes do cuidado com os outros. Para ele, prevenir era muito melhor do que remediar.

Como enfrentou a solidão, podia passar um conselho muito importante: tenham amigos e compartilhem as dificuldades. Sua vida mostrou que ele sempre tinha amigos à sua volta, que o ajudavam a vencer as dificuldades. Este é um ensinamento paulino destacado no terceiro capítulo. Além de todas as dicas que Paulo deixou, ele ainda deixa um ensinamento final: o sofrimento atual é bem menor do que a glória futura. Para ele, os sofrimentos pelos quais passava eram muito pequenos se comparados com a glória que um dia iria usufruir ao lado de Deus.

O livro não é limitado a uma determinada denominação evangélica. Meu objetivo é mostrar que o sofrimento dos pastores está presente em todas as denominações, não é exclusividade de nenhuma específica. No Brasil, ainda não temos muitas pesquisas a respeito do tema, portanto, apresento números disponíveis de várias denominações. Por causa desta escassez de informações, utilizo alguns exemplos e estatísticas de igrejas evangélicas norte-americanas. Meu objetivo é mostrar que o problema não é localizado, mas também atinge igrejas evangélicas fora do Brasil.

Creio que o tema é muito importante, pois, paulatinamente, pastores têm abandonado seus ministérios por se sentirem desamparados. O assunto precisa ser levantado e estudado com urgência, porque muitos deles estão completamente esgotados, perdendo suas famílias e igrejas, sem perspectiva de auxílio. Não há mais tempo a perder: é necessário identificar quais são as dificuldades enfrentadas pelos pastores e verificar como podem ser ajudados. No Brasil, algumas denominações já estão percebendo que algo está errado, pois cada vez mais pastores pedem licença do ministério e vão atuar em outras atividades.

Apesar de não parecer, inúmeros pastores estão destruídos, sentindo-se completamente desamparados e sem perspectiva alguma de melhora. Para alguns, a única solução é pedir o afastamento dos púlpitos. Outros tantos continuam sua jornada, apesar de muito tristes, machucados e se sentindo culpados por participar de um teatro: não estão bem, mas precisam representar que tudo está em ordem. Precisam convencer os membros que são fortes e inabaláveis, porque é isso que se espera deles.

O assunto tem muita relevância social no Brasil porque trata de pessoas que fazem um importante trabalho na sociedade: os pastores. As estatísticas mostram que o número de evangélicos no país é de aproximadamente 22,2% da população, o que corresponde a 42,3 milhões de pessoas.[1] A maioria deste público é influenciada por pastores que lideram as comunidades evangélicas. As dificuldades que os pastores passam influenciam milhões de pessoas. Quando algo não vai bem com os pastores, com certeza, os liderados serão afetados. Então, é urgente comprovar, detectar e criar alternativas para as angústias dos pastores, pois estas também causam transtornos a uma parcela significativa da população brasileira.

A utilização de experiências vividas por pastores norte-americanos indica que o sofrimento dos pastores é um problema que também está presente em outros países, não se resume ao território nacional. Essa comprovação torna o livro ainda mais relevante. O exemplo de Paulo pode auxiliar muito. Portanto, sua vida é utilizada para que sejam procuradas alternativas que permitam que os efeitos dos sofrimentos na vida dos atuais pastores sejam amenizados.

Alguns termos se repetem ao longo do trabalho e precisam ser definidos. O termo "pastor" é muito geral e amplo e também descreve uma grande variedade de atividades. Há ainda variações que observamos nas

---

[1] Dados do Censo Demográfico 2010 do IBGE (https://goo.gl/u2qdW6, acesso em 03/10/2017).

diferentes denominações. No entanto, neste livro, entendo que o pastor é aquele que guia, conduz e protege um rebanho. Além de ter a função de liderar os membros que fazem parte da igreja, ele prega, ensina, aconselha e cuida de pessoas. Também pode ser o administrador da igreja. O termo pode ser aplicado a pessoas do sexo feminino, pois, atualmente, algumas denominações citadas ao longo do livro admitem e consagram pastoras para liderar as igrejas.

O termo "igreja" sempre se refere a um grupo de pessoas que creem em Jesus, foram batizadas em seu nome e estão organizadas em um grupo para fazer a vontade de Deus. Impreterivelmente, nos reportaremos a igrejas evangélicas locais que, nesta pesquisa, também poderão ser denominadas de "comunidade evangélica" ou "corpo de Cristo". Os participantes da igreja serão denominados de membros da igreja. Igualmente podem ser denominados de ovelhas, porque são cuidados e protegidos pelo pastor da igreja. Eles frequentam a igreja e fazem parte deste grupo

Como autor, tenho grande interesse no assunto. Primeiro, por também ser pastor e enfrentar dificuldades no ministério que nem sempre são solucionadas de maneira satisfatória. Em segundo lugar, porque tive o privilégio de coordenar o grupo de pastores da Associação das Igrejas Menonitas do Brasil (AIMB) durante sete anos. A AIMB é uma associação de nove igrejas menonitas localizadas nos estados do Paraná e Santa Catarina.

Neste período, constatei que os pastores enfrentam problemas e, na maioria das vezes, não têm apoio para superá-los. Esta proximidade com os pastores – bem como a observação de seu sofrimento – motivou uma pesquisa mais ampla sobre o tema. A proposta inicial era comprovar e alertar as igrejas da AIMB que os pastores são pessoas sujeitas ao sofrimento. Ao contrário do que muitos membros imaginam, não são pessoas dotadas de poderes extraordinários para enfrentar suas dificuldades. Também tinha o objetivo de buscar alternativas que pudessem auxiliar os pastores da AIMB a superar suas dificuldades.

No entanto, no desenvolvimento da pesquisa descobri que o problema – constatado nas igrejas menonitas e que motivou o início dos estudos – não é exclusivo. Muito pelo contrário, para mim ficou nítido que é uma realidade enfrentada por muitas outras igrejas de diversas denominações, e que não está limitada ao território nacional.

Sinceramente, espero que goste da leitura. Desejo que, por meio desta obra, você conheça os desafios enfrentados pelos pastores e seja mais uma pessoa engajada a facilitar suas vidas. Há muito o que se fazer, porém, é possível melhorar o quadro atual. Há excelentes perspectivas! Boa leitura e que Deus o motive a ser um agente transformador da atual realidade!

1

Pastores também sofrem

Prezado leitor, imagine a seguinte cena. Um pastor volta de um culto junto com sua esposa e, apenas alguns minutos mais tarde, vizinhos escutam-na gritando por socorro. Quando a primeira pessoa chega ao local para verificar o que está acontecendo, encontra o corpo do pastor já sem vida, pendurado por uma corda presa no telhado da área de serviço da residência onde ele morava com sua mulher e seus dois filhos menores.

A esposa ficou em estado de choque, possivelmente não acreditando na cena que estava vendo. O casal tinha recém-chegado de uma viagem para comemorar dez anos de casamento. Aparentemente estava tudo bem. Fotos da viagem haviam sido postadas pelo próprio pastor nas redes sociais. Ele aparecia sorridente e tranquilo. Não aparentava estar passando por dificuldades.

Infelizmente esta história é real e tem acontecido com mais frequência nos últimos anos. A suspeita é que o pastor Agnaldo, da Primeira Igreja Batista de Serrinha-BA, estivesse passando por uma grave depressão.

Apesar de muitas pessoas não conseguirem acreditar que um pastor possa ser acometido por esta doença, isso é cada vez mais comum. O número de pastores que sofrem de depressão e cometem suicídio tem crescido tanto no Brasil quanto nos EUA.

Números apontam que provavelmente 70% dos pastores lutam constantemente contra a depressão. O mesmo percentual vale para os que afirmam estar esgotados e os que dizem não possuir um amigo próximo. Além disso, 80% acreditam que o ministério pastoral afeta negativamente suas famílias.

Um amigo do falecido declarou pelas redes sociais: "Este é o meu clube. Homens reais, com problemas reais. Deus traga consolo à família e coragem a outros vocacionados a abrirem a boca para chorarem suas mazelas". Pastores são pessoas reais, que enfrentam desafios e dificuldades reais. Muitas vezes precisam de auxílio, de um ombro amigo que os acolha em meio às tempestades do ministério.

Provavelmente, uma parcela dos membros das igrejas nem imagina que um pastor também passa por angústias. Para estes, o pastor é o "ungido de Deus", o que lhe confere imunidade a sofrimentos. O pastor Ed René Kivitz, da igreja Batista de Água Branca, entrevistado por Marília César, argumenta:

> Muitas igrejas evangélicas, em especial as pentecostais e as neopentecostais, tratam hoje a sua liderança como eram tratados os profetas do passado, com reverência intocável.[2]

Os membros estão acostumados a ver o pastor em momentos bons, como cultos, festas, congressos, reuniões e outros eventos públicos, e ele parece sempre estar bem.

Mesmo que o encontro não tenha motivos para comemorações, como visitas em hospitais ou funerais, lá está ele, aparentando muita serenidade e calma, tranquilizando e expressando palavras de conforto aos que sofrem. Poucos imaginam o que se passa nos "bastidores", na vida privada e familiar

---

2   Marília de Camargo César, *Feridos em nome de Deus* (São Paulo: Mundo Cristão, 2009): p. 47.

dos pastores. Parece que eles não enfrentam as mesmas dificuldades que afetam os membros. Ou, se passam por problemas, estes não os abalam; afinal de contas estão muito mais próximos de Deus e treinados para superar qualquer obstáculo que apareça em sua caminhada.

Todavia, a realidade não é tão bonita como parece. Assim como médicos precisam de médicos, pastores também precisam de pastores que cuidem deles, que os ouçam e entendam. Pastores estão sofrendo, muitos deles calados, enquanto tentam ajudar as pessoas necessitadas à sua volta. Talvez esta afirmação choque algumas pessoas. Nunca se imagina que um médico cardiologista tenha um problema sério no coração, por exemplo. Quando isso acontece, as pessoas ficam surpresas e abaladas. Porém, o médico também é um ser humano sujeito a diversas enfermidades, necessitado de cuidados. O mesmo vale para pastores, que também são pessoas criadas por Deus, sujeitas aos mesmos problemas e angústias enfrentados pelos membros e pessoas da comunidade.

É verdade que o pastor é treinado para aconselhar pessoas que enfrentam crises. Também se espera que ele tenha grande intimidade com Deus e, por isso, esteja mais preparado para enfrentar seus próprios desafios. No entanto, isso não garante que o pastor nunca passará por dificuldades que o abalem. Também não garante que sua família sempre estará em perfeita harmonia e paz.

1.1 Constatando o sofrimento dos pastores

No Brasil ainda não há muitas pesquisas sobre o assunto, porém algumas denominações já estão percebendo que algo está errado. Cada vez mais pastores pedem licença do ministério e vão atuar em outras atividades por não suportarem mais tantas angústias, pressões espirituais ou problemas de saúde. Segundo o jornalista Marcelo Brasileiro, em artigo publicado pela revista Cristianismo Hoje, uma das maiores denominações pentecostais do país, a Igreja do Evangelho Quadrangular (IEQ), com seus 30 mil pastores filiados – entre homens e mulheres –, registra uma deserção de cerca de 70 pastores por mês desde o ano passado (2011).[3]

Outro exemplo é a Igreja Presbiteriana Independente (IPI).

A própria IPI, embora muito menor do que a Quadrangular – conta com cerca de 500 igrejas no país e 690 pastores registrados –, teria algo em torno de 50 ministros licenciados, número registrado em relatório de 2009. Pode parecer pouco, mas representa quase dez por cento do corpo de pastores ativos.[4]

Uma pesquisa realizada em 2001 entre os pastores presentes à 4ª sessão da Assembleia Anual da Ordem dos Pastores Batistas do Estado de São Paulo evidenciou que pastores passam por crises ao longo do ministério. Dos 211 questionários preenchidos, 75% dos pastores afirmaram que "já passaram por alguma situação que pôde ser identificada como crise ministerial".[5]

Em países como os Estados Unidos, onde há mais estudos sobre o assunto, os números são mais precisos.

O Instituto Francis Schaeffer, por exemplo, revelou que, no último ano (2011), cerca de 1,5 mil pastores têm abandonado seus ministérios todos os meses por conta dos desvios morais, esgotamento espiritual ou algum tipo de desavença na igreja. Numa pesquisa da entidade, 57% dos pastores ouvidos admitiram que deixariam suas igrejas locais, mesmo que fosse para um trabalho secular, caso tivessem oportunidade.[6]

Outra informação preocupante é que os números de pastores esgotados têm aumentado. Os números de 2011 são bem maiores do que os observados em 1998. Estes dados comprovam que o problema existe, não é pequeno,

---

3   Marcelo Brasileiro, "Pastores Feridos", in: *Cristianismo Hoje*, 03/05/2012. Disponível em https://goo.gl/dLVHaz (acesso em 03/10/2017).

4   Ibid.

5   Guilherme A. Gimenez, "A crise no ministério pastoral. Alternativas de diálogo e as crises ministeriais", dissertação. (São Paulo: UMESP, 2002): p. 64.

6   Brasileiro, "Pastores Feridos".

está aumentando e não está limitado a uma denominação, nem a um país. Mesmo que algumas pessoas ainda não tenham conseguido enxergar, não há mais como negar essa realidade.

> Certo estudo mostrou que um terço dos pastores pesquisados tinha pensado em abandonar o ministério por causa do esgotamento. Embora este mal possa ocorrer em qualquer profissão, os ministros são especialmente vulneráveis.[7]

Outros fatos, como o aumento do número de suicídio entre pastores, comprovam seu sofrimento. O suicídio do pastor Agnaldo Alonso Freitas Júnior, pastor da Primeira Igreja Batista de Serrinha-BA, ocorrido no dia 9 de setembro de 2014 e já relatado no início do capítulo, é um bom exemplo. Casos assim não deveriam somente chocar, mas alertar a igreja de que algo muito grave está acontecendo com alguns pastores.

Nos EUA a situação não é diferente. No ano de 2012, nos meses de novembro e dezembro, três pastores cometeram suicídio.

> Teddy Parker Jr, de 42 anos, pastor da igreja Batista Bibb Mount Zion, se matou com um tiro na cabeça. O pastor Ed Montgomery, da Igreja Assembleia Internacional do Evangelho Pleno, atirou em si mesmo na frente de sua mãe e filho. Isaac Hunter, ex-pastor da igreja Summit suicidou-se no dia 10 de dezembro.[8]

Na mesma matéria, as igrejas são conclamadas "a orarem mais por seus líderes e, ao mesmo tempo se manterem alertas sobre sintomas de depressão nos pastores".[9]

Ainda sobre a realidade americana, há grandes semelhanças com o contexto brasileiro. Lá, como aqui, está evidente que pastores estão sujeitos ao sofrimento:

---

7   Erwin Lutzer, *De pastor para pastor*. (São Paulo: Vida,1998): p. 78.
8   Jarbas Aragão, "Três pastores se suicidaram nos últimos 30 dias", in: *Gospel Prime*, 12/12/2013. Disponível em https://goo.gl/9toiz2 (acesso em 03/10/2017).
9   Ibid.

Por toda parte os ministros evangélicos estão, segundo se diz, desanimados, deprimidos ou frustrados. O consultor Peter Drucker afirma que os pastores estão "na profissão mais frustrante da nação". Em março de 1995, no Clergy Journal (Jornal do Ministério), o conselheiro pastoral Lloyd Rediger resume seu estudo de vinte anos de ministério. Ele diz que "elevados níveis de estresse" estão difundidos junto com um "nível crescente de depressão", acompanhados da crescente "ira internalizada". Talvez mais significativamente, a igreja parece não ouvir os clamores dos seus ministros, e todas as denominações evangélicas são consideradas cada vez mais parte do problema do que a solução.[10]

Pastores não pertencem a uma classe especial de seres humanos. Eles são de carne e osso, sujeitos às mesmas dificuldades e angústias que qualquer pessoa. A família do pastor também é como as outras, mesmo que, na maioria das vezes, a igreja não reconheça isso e não faça nada para ajudar seus líderes. Esta realidade precisa ser compreendida com urgência. Somente quando isso acontecer é que soluções para este fato poderão ser buscadas. Se nada for feito, cada vez mais estes líderes deixarão seus ministérios e migrarão para outras atividades. O sofrimento dos pastores é algo real e não pode ser ignorado. Felizmente este fato tem começado a despertar pessoas que convivem com pastores. Para estas, o sofrimento deles existe, é visível e soluções precisam ser buscadas.

Cada dia se torna mais claro nas denominações em geral: sim, o pastor precisa de um pastor; ele precisa ser pastoreado. Cresce a cada dia o número de pastores com problemas espirituais, emocionais e até mesmo físicos, problemas que não ficam somente com eles, mas terminam por atingir a família, a igreja local ou a instituição em que trabalham, chegando ao âmbito da denominação. O pastor é uma ovelha sem pastor! Algumas denominações já têm criado meios de contato e espaços para ajudar pastores.[11]

Não é difícil constatar que há pastores em igrejas evangélicas que estão "enfaixando as próprias feridas", ao mesmo tempo em que são solicitados a

---

10 David Fischer, *O pastor do século 21*. (São Paulo: Vida, 1999): p.170.
11 José C. Martins. "Pastor precisa de pastor?", in: *Ultimato*, nº 291, nov/dez 2014. Disponível em https://goo.gl/E9Jij2 (acesso em 03/10/2017).

cuidar de outros".[12] Sofrem, mas não têm onde buscar ajuda. Não querem falar sobre seus problemas com os membros para não chocá-los, porém, muitas vezes não encontram ajuda.

> A necessidade da escuta terapêutica se reflete na vida dos pastores. Sendo eles mesmos ouvintes de muitas situações de angústia e dor, percebem-se por vezes aturdidos ou angustiados, ou simplesmente somatizam suas dores sem se dar conta da demanda emocional que enfrentam e quando procuram um ombro amigo, nem sempre conseguem. Portanto, a pergunta que se impõe é: há lugar para uma escuta misericordiosa, nas estruturas eclesiais quando o confessante é um pastor?[13]

Pastores estão envolvidos com o sofrimento dos outros. Muitas vezes são atingidos pela angústia do próximo e necessitarão de apoio de alguém que os escute. Todavia, nem sempre as pessoas ao redor percebem que algo não vai bem com o pastor. Portanto, em muitos casos, o problema só se torna visível quando é tarde demais. Por isso existem tantos pastores esgotados e doentes, sofrendo, porém, sem saber onde buscar ajuda. A realidade de angústias sem perspectivas de melhora normalmente só aparece quando o pastor decide abandonar o ministério ou quando toma atitudes extremas como o suicídio.

1.2 O que causa sofrimento aos pastores

Após confirmar que pastores podem sofrer, é importante também verificar as causas deste sofrimento. Por que pastores têm sofrido? Há inúmeros motivos e não é possível levantar todos os que trazem dificuldades a eles, porém, algumas razões serão abordadas a seguir. São situações que acontecem na vida dos pastores que, na maioria das vezes, são imperceptíveis a membros das igrejas e pessoas que não são pastores, mas que trazem inúmeros transtornos a eles próprios e a suas famílias.

---

12   Roseli M. K. de Oliveira, *Cuidando de quem cuida: Um olhar de cuidados aos que ministram a Palavra de Deus.* (Joinville: Grafar, 2012): p. 58-59.

13   Ibid, p. 105.

Entre inúmeras fontes de sofrimento, serão mencionadas algumas que são frequentemente relatadas e registradas por pastores nos livros que os mesmos escrevem sobre este assunto. Parece que a maioria dos sofrimentos que atingem pastores são resultantes da falta de cuidado da igreja com seu pastor e da falta de cuidado próprio do pastor.

1.2.1 Falta de cuidado da igreja com seu pastor

Apesar das evidências de que pastores também estão sujeitos a sofrimentos, por vezes, são tratados, em algumas igrejas evangélicas brasileiras, como se pertencessem a uma classe superior de pessoas. Não são considerados seres humanos comuns, sujeitos a todos os sofrimentos e desafios, pertinentes a quaisquer pessoas, ou seja, parece que alguns membros veem no pastor da igreja um ser especial, quase celestial, que está imune a problemas. Se eventualmente alguma dificuldade vier, ele a resolverá sem sentir dor, pois está tão preparado para resolver problemas e tão próximo a Deus que nada pode afetá-lo.

Esta ideia é comprovada através de pesquisas, como a respondida por 18 pastores da IECLB (Igreja Evangélica de Confissão Luterana no Brasil):

> Como o pastor é visto no mundo de hoje? Em geral, como não sujeito a dores e tristezas, mas como abnegado e disponível todo o tempo. Ao pesquisar como as comunidades veem seus pastores, depara-se com uma visão distorcida e idealizada da pessoa-pastor. Nos questionários, 24,2% dos entrevistados acreditam que a comunidade tenha uma imagem idealizada dos pastores.[14]

Outra pesquisa, realizada entre pastores e pastoras das igrejas evangélicas menonitas brasileiras, obteve 81 respostas. Do total, 35,8% dos que responderam à pesquisa entendem que as igrejas menonitas brasileiras idealizam os pastores como super-homens ou supermulheres.[15] Estes dados

---

14 Ibid, p. 87.
15 Siegfrid Wedel, "Pastores também são ovelhas", monografia. (Curitiba: Fidelis, 2008), p. 24.

comprovam o que se vê em muitos cultos de igrejas evangélicas brasileiras transmitidos em canais abertos de televisão. O pastor é aquele que cura os doentes e necessitados. Parece que ele tem o poder para isso e faz questão de mostrar que é superior, imune às mazelas comuns da vida.

> Visões distorcidas e idealizadas da figura do pastor têm sido detectadas junto às comunidades cristãs, tanto as que têm séculos de história quanto às de recente organização. Neste sentido, pastores e pastoras por vezes não são percebidos como pessoas, mas como semideuses, não sujeitos ao cansaço, enfermidades e irritações, entre outras mazelas.[16]

Estas pesquisas sugerem que há frequentadores das igrejas que gostam da ideia de um pastor super-herói. Aquele que está sempre disponível, faça chuva ou faça sol, de dia ou de madrugada, em seu dia de folga ou na hora do almoço em família, no domingo após o culto. Não importa o momento, se algum problema surgir, ligam logo para o pastor, que sempre atende e encontra uma solução para a dificuldade.

Também conforta e tranquiliza a ideia de ter um "representante divino", uma pessoa com acesso direto a Deus e com "poderes especiais" em meio ao povo. Parece que algumas pessoas querem acreditar que o pastor é alguém superior, que traz alívio imediato a qualquer angústia. Alimentam esta ideia, pois isso traz conforto às suas almas.

> Se estou de licença ou de férias em alguma cidade em meu próprio estado, as pessoas não veem problema em pedir que eu retorne por causa de um funeral ou de uma nova crise conjugal. É um beco sem saída.[17]

Parece que somente o pastor tem condições de resolver os problemas dos membros quando um imprevisto surge, é preciso chamá-lo com urgência. Não importa que esteja de férias. Atitudes assim sinalizam que os membros o consideram muito poderoso, só ele pode salvá-los quando estão em perigo.

---

16 Oliveira, *Cuidando de quem cuida*, p. 19.

17 Wayne Cordeiro, *Andando com o tanque vazio? Encha o tanque e renove a paixão*. (São Paulo: Vida, 2011): p. 33, 34.

O problema é que este sentimento de ser solicitado a qualquer momento causa estresse ao pastor. Muitos têm a impressão de que, em qualquer lugar em que estejam, podem ser chamados a resolver os problemas dos membros da igreja. Há pastores que evitam tirar férias para estar mais próximos da igreja. Ou, quando estão descansando com a família, deixam o telefone ligado, para que possam ser alcançados pelas pessoas que precisam de ajuda.

Atitudes assim podem até demonstrar que o pastor está totalmente comprometido e preocupado com a comunidade, porém, o desgaste também é muito grande e, em algum momento, ele sentirá que isso afeta seu relacionamento familiar. Não é possível manter este comportamento por muito tempo, corre-se o risco de comprometer muito seu bem-estar e sua saúde.

Por outro lado, não é fácil resistir à pressão e manter uma visão saudável de dependência de Deus quando, constantemente, é exigido que você seja um superpastor. Infelizmente muitos líderes de igreja têm se sentido mais do que seres humanos. Provavelmente alguns estão sendo envolvidos inconscientemente. Não percebem o perigo a tempo e, quando finalmente se dão conta da situação, fica muito difícil retornar e assumir que também são frágeis seres humanos, dependentes de Deus como qualquer outro cristão.

Em algum momento da vida, perceberão que estão pagando um alto preço por serem considerados superpastores. Todavia, a esta altura da caminhada, muitos terão dificuldades de demonstrar seus sentimentos, emoções e fragilidades porque entendem que, se o fizerem, serão vistos como pastores fracos e incompetentes, que não conseguem nem cuidar da sua própria vida. Muitas vezes, mesmo que queiram achar uma saída, não a encontram. Não enxergam pessoas com quem possam desabafar, contar tudo o que sentem. Isso seria uma saída, algo imprescindível para todo pastor.

> O desabafo é uma oportunidade de repartir o peso da alma. Algumas pessoas que se confessam cristãs, e entre elas pastores, relatam sua dificuldade

de desabafar, por vezes pedem desculpas por fazê-lo e questionam "o que a doutora vai pensar de mim". Aparentemente o desabafo soa como que um pecado, por haverem sido ensinados a agradecer tudo a Deus. Ao relembrá-los de relatos bíblicos de desabafos, passam a se dar conta da humanidade dos "personagens" bíblicos e a partir daí, resgatar sua própria identidade, num processo de integração.[18]

Parece que a dificuldade em desabafar é uma consequência da "mitificação" da figura do pastor. Os que tentam fazê-lo, muitas vezes ouvem como resposta: "o senhor precisa ler mais a Bíblia", ou "o senhor precisa buscar mais a Deus". Estes "conselhos" não ajudam em nada e somente aumentam o sentimento de culpa do pastor que procura auxílio. Também mostram que realmente as pessoas enxergam-no como um ser humano de classe superior, dando a entender que estes pastores não aplicam em sua vida o que muitas vezes falam para os aconselhados. Sendo assim, muitos preferem continuar representando que estão bem, mesmo que sua alma esteja doente e sofrendo.

A realidade é que a "mitificação" da figura do pastor não é saudável para ninguém. Causa grandes desgastes e agonias para os pastores que não desejam este rótulo. Trazem enganos e falsos sentimentos de conforto para os membros, porque estes devem depositar sua confiança em Deus, e não em um pastor que é totalmente humano e falível. Também é muito perigoso para os que gostam do rótulo de super-heróis porque, quando perceberem que também são suscetíveis a dores e problemas, pode ser tarde demais. A teóloga e autora americana Marwa Dawn sugere outro comportamento:

> É muito mais fácil – e mais proveitoso para toda a Igreja – conseguirmos nos mostrar como somos de verdade. Essa honestidade é capaz, por si só, de levar ao crescimento e à estabilidade genuínos.[19]

---

18   Oliveira, *Cuidando de quem cuida*, p. 105-106.
19   Marwa Dawn, "Prelúdios da redescoberta", in: DAWN, Marva J. e PETERSON, Eugene H. *O pastor desnecessário*. (Rio de Janeiro: Textus, 2000): p. 22.

Quando a igreja enxerga o pastor como super-herói é preciso ficar atento. Fatalmente, em algum momento essa idealização fará o pastor sofrer. Normalmente nestes casos, ocorrerão cobranças exageradas por parte da comunidade. Como ele pode tudo, precisa estar sempre disponível e disposto a ajudar. Nada é pesado demais para ele que, no imaginário dos membros, pode suportar qualquer pressão. Quando este é o entendimento da igreja, o pastor que deseja assumir a sua humanidade sofrerá com pressões e pesadas cargas.

Parece que existem alguns conceitos enraizados nas pessoas que dificultam muito a aceitação do pastor como ser humano. Como está sempre em contato com pessoas que sofrem, elas esperam que ele possa ajudá-las. Todos querem uma solução para seus problemas e vêm para buscá-la com o pastor. "Como as pessoas procuram o pastor para receber e não para dar, os recursos emocionais dele podem se exaurir rapidamente".[20] O problema acontece porque muitas pessoas entendem que o pastor é uma fonte inesgotável de soluções para suas dificuldades. Em meio à ansiedade e desespero acham que ele não tem limites e esperam dele uma solução. Sempre que precisam, acham que o mesmo tem a resposta, mesmo quando ele próprio já está esgotado.

Com certeza esse tipo de pensamento – essa crença de que pastor não passa por angústias – tem contribuído para que as igrejas não percebam o sofrimento dos seus pastores. Enquanto essa idealização da figura do pastor não for removida, há poucas esperanças. Somente quando os membros, pastores e demais líderes que compõem a coordenação das igrejas entenderem que o pastor precisa de cuidados, pois também é um ser humano sujeito a dificuldades, poderá haver alguma mudança. Idealizar a figura do pastor não é saudável, pois não corresponde à realidade. Sempre que isso acontece, tem-se a impressão de que a igreja participa de uma encenação. "Toda congregação é uma congregação de pecadores. Se isso não fosse ruim o bastante, todas elas têm pecadores como pastores".[21]

20 Lutzer, *De pastor para pastor*, p. 78.
21 Eugene Peterson, *A vocação espiritual do pastor*. (São Paulo: Mundo Cristão, 2008): p. 27.

1.2.2 Falta de cuidado próprio do pastor

Como já afirmamos, não é difícil constatar que o pastor também é um ser humano, sujeito a crises, angústias e medos. Não é nenhum super-herói; e sim, humano. Sua função de líder da igreja não lhe garante imunidade a sofrimentos. É uma pessoa que tem suas responsabilidades e precisa ser respeitada como líder da igreja, porém continua a ser tão humano como qualquer membro da igreja. Antes de ser pastor, é uma ovelha, que tem necessidades e que precisa de atenção e cuidados.

> O pastor, enquanto pessoa, é sujeito a todas as questões humanas, tendo, por conseguinte, necessidades, físicas, emocionais e espirituais, entre outras. A busca pela realização pessoal, familiar e vocacional (ou profissional) é relatada por aqueles que se dedicam ao cuidado de outros, mas nem sempre acontece das comunidades de fé atentarem para as necessidades de seus pastores.[22]

A constatação e aceitação de que o pastor é humano talvez desagrade algumas ovelhas e, provavelmente, alguns pastores. Todavia, é uma verdade que não pode ser negada.

> O pastor é um ser apenas humano, e não sobre-humano. Assim ele tem fraquezas e limites. Comete erros, equívocos e confusões. Há falhas e imperfeições, assim como neste breve artigo, inclusive. Há também a idealização do pastor e do pastorado, ou seja, a noção de que o pastor "está perto de Deus e assim não precisa de nada". Por vezes o pastorado é visto como sublime, muito elevado, imune às vicissitudes humanas. Isso já se tornou cultura entre nós e acaba se chocando com a realidade no cotidiano, deixando um rastro de frustração, quando não de revolta, pessimismo e desânimo. Falta uma visão teológica articulada do que é, de fato, o pastorado.[23]

O pastor não deve ser idealizado. Este não é o caminho correto. Seus limites devem ser respeitados. Quando isso não acontece, mais cedo ou mais tarde, haverá grandes prejuízos para ele próprio. O esgotamento acontece

---
22 Oliveira, *Cuidando de quem cuida*, p. 61-62.
23 Martins, *Pastor precisa de pastor?*, p. 1.

entre pastores que não respeitam os limites do próprio corpo. Eles são os conselheiros dos membros da igreja, que os procurarão para pedir conselhos e amenizar as dores que estão sentindo.

> Muitos conselheiros ficam esgotados porque exaurem todas as suas reservas. Dia após dia, despejamos nossas conclusões, sensibilidade, compaixão, técnicas de cura e energias. Vemos as necessidades e sentimos a dor das pessoas. Nosso desejo é vê-las curadas; nosso anseio é ajudá-las. Então nos damos cada vez mais, com o mais nobre dos motivos, até que ficamos secos. Às vezes, de uma hora para outra, quase sem aviso, descobrimos que não temos mais nada para dar. O conselheiro cristão, que um dia foi cheio de compaixão, descobre que está espiritualmente vazio. Seus recursos interiores acabaram[24].

Admitir que não são uma classe especial de pessoas é a solução para os pastores. Mesmo que não seja fácil reconhecer isso, é sempre melhor. Infelizmente muitos ainda insistem em fazer o papel de super-homens. Enquanto pastores continuarem com esta postura, não há muito que fazer. Parece que o melhor caminho é não esconder da igreja que o pastor é humano. Apesar de uma parcela dos membros enxergarem o pastor como uma pessoa não sujeita a dores, há alguns que valorizam um pastor "humano", sujeito a enfrentar dificuldades.

Jaime Kemp, pastor e autor de livros sobre a família, enxerga e apoia esta situação:

> É muito fácil compartilhar uma vitória dada por Deus, mas no tocante a empatia com seu rebanho, é bem mais impactante relatar uma luta ou necessidade que você esteja enfrentando.[25]

Ser autêntico é a melhor alternativa. Os que são liderados pelo pastor não deixarão de segui-lo porque ele admite algo que todos já perceberam ou perceberão um dia: ele é humano. Pelo contrário, um relacionamento autêntico, fundamentado na sinceridade, é muito mais forte do que um construído sobre falsas suposições.

---

24   Garry R. Collins, *Aconselhamento cristão*. (São Paulo: Vida Nova, 2012): p. 698.
25   Jaime Kemp, *Pastores ainda em perigo*. (São Paulo: Sepal, 1996): p. 99.

Não é honesto, por parte do pastor, tratar seu relacionamento com as ovelhas de maneira teatral, encenando uma falsa superioridade. Além de não conseguir aprofundar seus relacionamentos, porque sempre está acima das pessoas, ainda corre sérios riscos de machucar as ovelhas e se autodestruir. A verdade é que os pastores são tão humanos quanto os membros. "Já não há mais como fugir da óbvia verdade: somos exatamente tão humanos e pecadores como o povo a quem servimos".[26]

Quando pastores não conhecem seus limites, acabam se prejudicando. Ignoram que eles também necessitam de cuidados. A Bíblia, em Atos 20.28, recomenda que pastores cuidem de si mesmos: *Atendei por vós e por todo o rebanho sobre o qual o Espírito Santo vos constituiu bispos, para pastoreardes a igreja de Deus, a qual ele comprou com o seu próprio sangue.* Se Deus, por intermédio da sua Palavra, espera que pastores cuidem não somente dos outros, mas também da sua própria vida, é preciso respeitar essa recomendação. Os pastores precisam levá-la a sério.

Sempre que esta recomendação não é respeitada, dificuldades surgirão para o pastor.

> O poder pastoral a que estão expostos, as questões do tempo familiar e pessoal, as demandas da comunidade religiosa na qual se inserem, podem gerar estresse, visto que manter a imagem idealizada ou mostrar-se como ser humano envolve tensão e ansiedade.[27]

Se não se conscientizarem, os problemas só tendem a aumentar. Crescem ainda mais quando os pastores, influenciados pelas ideias dos membros, "vestem a roupa de super-heróis". Este pensamento em algumas comunidades evangélicas é tão forte que tem convencido muitos pastores. Dawn, explica:

> Somos tentados a nos esconder atrás de imagens brilhantes, na esperança de que, assim, os outros nos aprovem. Preferimos não reconhecer nossos seres quebrados, com problemas e falhas secretas porque achamos muito melhor que ninguém mais conheça.[28]

---

26   Fischer, *O pastor do século 21*, p. 170.
27   Oliveira, *Cuidando de quem cuida*, p. 19.
28   Dawn, *Prelúdios da redescoberta*, p. 22.

Também parece que existem pastores que fazem questão de manter a ilusão de que são super-heróis. Sentem-se confortáveis e orgulhosos com este rótulo e empenham-se em preservá-lo. Por vezes, surge o orgulho em suas vidas:

> A princípio, é quase invisível essa diferença entre nossa necessidade do Salvador e nosso trabalho pelo Salvador. Sentimo-nos tão bem, tão agradecidos, tão salvos. Essas pessoas a nosso redor se encontram tão necessitadas! Lançamo-nos diretamente à luta. No caminho, a maioria de nós acaba identificando nosso trabalho com o de Cristo de tal maneira que o próprio Cristo é deixado de lado, e nosso trabalho recebe toda a atenção.[29]

Estes o fazem conscientemente. Quando a dor aparece reclamam do rótulo que carregam, porém gostam de se fazer passar por um ser especial, dotado de poderes quase divinos. Todo esse processo acaba virando um círculo vicioso: pastores sentem-se valorizados por serem considerados mais que humanos e se alimentam da crença da membresia, que gosta da ideia de que seu pastor seja superior aos mortais, dotado de superpoderes. Como, geralmente, são pouco valorizados pela sociedade em geral, acabam cedendo ao poder que lhes é oferecido no púlpito da igreja.

Normalmente isso é bem visível em pastores mais jovens, que estão iniciando seus primeiros ministérios. Nessa fase, eles pensam: "As pessoas precisam de mim; elas me valorizam; estou servindo a Deus; estou exatamente onde devo estar".[30] No entanto, com o passar dos anos, "ficar constantemente de plantão pode acabar com você. Sempre há uma crise a um telefonema de distância e, quando eu era mais jovem, isso fazia sentir-me necessário e valioso. Agora, porém, isso me fazia sentir aprisionado".[31]

Todavia, quando o pastor trilha esse caminho precisa entender que o final não costuma ser tão bonito e perfeito como parece. Pelo contrário, quando o sofrimento chega, ele logo percebe que não é um super-herói

---

29 Peterson, *A vocação espiritual do pastor*, p. 108.
30 Cordeiro, *Andando com o tanque vazio?*, p. 33.
31 Ibid.

imune às mazelas da vida. Neste momento, muitos já possuem graves sequelas e lamentam não ter se cuidado antes. Perceber que é humano e sujeito às doenças e sofrimentos da vida é fundamental para que o pastor tome cuidados e se previna de dores e angústias futuras.

1.2.3 Excesso de cobranças e críticas

Algo que colabora muito para o sofrimento dos pastores são as cobranças excessivas que recebem dos membros da igreja. Muitas vezes, temos a impressão de que cada membro se considera chefe do pastor e com todo o direito de fazer cobranças. Muitos solicitam atendimento imediato sempre que necessitam, não importando o dia nem o horário. Quando o pastor não está disponível no momento da solicitação fica sujeito a receber críticas.

Apesar de trabalharem para agradar a Deus e não a homens, pastores podem sofrer por causa das críticas que recebem. Não deveriam assimilar cobranças e críticas como ataques pessoais, no entanto nem sempre conseguem. Pastores são pessoas públicas, sujeitos a críticas. Como precisam agir e tomar decisões que envolvem grupos de pessoas, sempre haverá alguns que não concordarão com as decisões tomadas, e então as críticas vêm. Embora saibam disso, muitas vezes críticas pessoais, injustas e constantes causam grande sofrimento a eles.

> Os pastores estão constantemente sujeitos à avaliação do público. Pregue nove mensagens boas e uma "sem pé nem cabeça", e algumas pessoas se lembrarão apenas desta última. Passe por um diácono sem cumprimentá-lo e você ferirá seus sentimentos. Se um membro amargurado da congregação começa um boato, "um pouco de fermento leveda toda a massa".[32]

Alguns membros criticam inconscientemente, muitas vezes sem conhecimento de causa. Alguns não fazem ideia da agenda do pastor, imaginam que ele não faz muita coisa e aí criticam. Por outro lado, pastores tentam não ser afetados por cada crítica que recebem, porém, acabam sendo feridos por elas.

---

32 Lutzer, *De pastor para pastor*, p. 19-20.

Também ficamos sob pressão porque poucos membros da congregação conhecem as exigências dos nossos compromissos. Um pastor pediu aos diáconos que escrevessem sobre como achavam que ele gastava seu tempo. Embora ele trabalhasse 72 horas por semana, tiveram dificuldade de preencher 40 horas por semana. Todos achamos engraçado o garoto que disse ao filho do pastor: "Meu pai não é como o seu – meu pai trabalha". Apesar de até nos divertirmos com isso, fere da mesma maneira.[33]

Pastores relatam as mais variadas críticas que recebem. O pastor Groeschel, conferencista norte-americano, viajava frequentemente de avião. Certo dia, viajando em companhia de um amigo, passou por uma situação embaraçosa. Como de costume, para evitar gastos desnecessários a viagem foi na classe econômica. Para sua surpresa, nesta ocasião, foi criticado por um colega de ministério por causa deste procedimento.

O autor da crítica parecia chocado e ofendido pelo fato de encontrá-lo na classe econômica:

> Ele falou, com a maior sinceridade: 'O homem de Deus deve viajar com conforto. Quando você chega para falar, precisa estar descansado. Você deveria sempre viajar de primeira classe'. Considerei aquilo tudo apenas diferença de opinião, mas meu amigo ficou muito incomodado.[34]

Quando voltava do compromisso, ele e seu amigo acabaram sendo registrados na primeira classe, apesar de não terem comprado a passagem desta categoria. Eles nunca souberam porque isso aconteceu, porém, este fato também gerou críticas. Eles embarcaram primeiro, e os demais passageiros passaram por eles, muitos emitindo suas opiniões em alta voz.

> A primeira pessoa que vimos fez uma piada. – Deve ser bem legal sentar aqui – brincou ao passar. Logo depois, chegou uma senhora. – Deve ser muito bom ser um pastor importante. Gente comum tem de sentar no fim do avião – disse em tom de deboche. A terceira pessoa foi muito rude. Pelo jeito, ele havia bebido, pois sua fala estava embaralhada. Ele gritou para que todos os que estavam ao alcance de sua voz: – Aqui está uma ótima

---

33 ibid.
34 Craig Groeschel. *Confissões de um pastor*. (São Paulo: Mundo Cristão, 2007): p. 147.

maneira de gastar o dinheiro da igreja! Pastores de megaigrejas vivem como megarricos.[35]

Esta história ilustra bem como os pastores muitas vezes se sentem. Não interessa o que decidirão ou farão, as críticas, com certeza, virão. Mesmo que procurem não entender como algo pessoal e analisar se é somente uma sugestão que traga algum benefício, geralmente as críticas acabam trazendo sofrimento ao pastor. Isso ocorre porque muitas são infundadas e insistentes e, algum dia, irão abalá-lo.

> A verdade é que detesto essas críticas manipuladoras, especialmente as injustificadas, que se baseiam em antipatia gratuita, ignorância e egoísmo. Eu deveria ser capaz de não me abalar com isso, mas detesto constatar como essas coisas me fazem mal.[36]

Sem sombra de dúvidas, críticas e cobranças aumentam e muito o sofrimento dos pastores. Muitas pessoas o fazem inconscientemente, porém, com isso causam grande pressão sobre o pastor e sua família.

1.2.4   O pastor se envolve com o sofrimento dos outros

As pessoas que observam o trabalho dos pastores muitas vezes não imaginam a realidade. Às vezes, parece que é tudo muito fácil e tranquilo, não sujeito a grandes dificuldades. O pastor parece sempre estar bem, distribuindo sorrisos e incentivos a suas ovelhas. Todavia, um importante trabalho dos pastores é se envolver com a dor e o sofrimento dos outros.

> Entre outras coisas, o trabalho pastoral é a decisão de lidar, nos termos mais íntimos e pessoais, com o sofrimento. Não significa que vamos tentar encontrar formas de minimizar a dor ou caminhos que a evitem. O interesse maior não é tentar explicar o sofrimento, nem procurar uma cura para ele. A tarefa do pastor é envolver-se com o sofrimento. É uma decisão consciente e deliberada de mergulhar na experiência dos que sofrem. Esta disposição tem sua

---

35   Ibid, p. 148.
36   Ibid, p. 149.

origem e mantém sua integridade nos textos das Escrituras que dão forma ao ministério pastoral.[37]

Os pastores não têm alternativa. Se quiserem, de fato, cuidar de suas ovelhas, se envolverão com suas dores, angústias e sofrimentos. Cuidar de pessoas é estender a mão quando a doença chega ou a dor da perda de um ente querido acontece. Pastorear é auxiliar pessoas afetadas pela solidão e ajudar quem está triste e deprimido. É ter misericórdia das pessoas que sofrem. Este é o trabalho pastoral. Ser pastor não significa tentar ignorar o sofrimento ou tentar explicá-lo. É simplesmente estar presente e demonstrar apoio, misericórdia e amor. O sofrimento sempre existiu e não pode ser ignorado. Pessoas sofrem, esta é a realidade incontestável.

> A revelação bíblica não explica nem elimina o sofrimento. Ao contrário: a Bíblia mostra Deus entrando na vida de dor da humanidade, aceitando e compartilhando o sofrimento. Não podemos ver as Escrituras como um sermão feito por Deus, com o dedo apontado para os infelizes e sofredores e dizendo: – Eu falei: vocês fizeram isto e aquilo errado, agora vão pagar por seus erros.[38]

Apesar de buscar a supressão de todo o sofrimento das pessoas, isso não é possível aos pastores. Deus, com toda certeza, tem poder para fazer isso; porém, por vezes, nem ele o faz. No entanto, assim como Deus está presente em meio ao sofrimento humano, o pastor também deve estar junto aos que sofrem.

> Também não encontramos na Bíblia um programa criado por Deus para eliminar as dores por meio de um plano quinquenal (ou, para usar uma escala maior, pelas dispensações). Não se encontra um processo de diminuição do sofrimento ao percorrer a história, indo da escravidão do Egito para a peregrinação no deserto, à anarquia sem reis, daí para o cerco assírio, depois o cativeiro na Babilônia, a crucificação romana, e o holocausto sob Nero e Domiciano. O sofrimento sempre existiu e Deus sempre está onde existe alguém sofrendo.[39]

---

37   Eugene Peterson, *O pastor que Deus usa*. (Rio de Janeiro: Textus, 2003): p. 139-140.
38   Ibid, p. 140.
39   Ibid.

Saber que Deus sempre está onde existem pessoas sofrendo é uma verdade libertadora para pessoas que sofrem, bem como para os pastores. Conforta os membros atingidos por angústias e igualmente os pastores, pois ensina que Deus está no controle de toda a situação. Quando os pastores entendem isso, certamente sentem um grande alívio. Eles não são responsáveis por tirar o sofrimento dos que sofrem. No entanto, nem sempre é fácil colocar isso em prática.

Inúmeras vezes o pastor acaba sendo atingido pelo sofrimento dos angustiados e sofre com eles. Apesar de saber que Deus está cuidando de tudo, percebemos que, muitas vezes, o pastor sofre quando tenta apoiar e auxiliar ovelhas em dificuldades. Quando isso acontece, os pastores correm o risco de ter a "Síndrome de *Burnout*".

> *Burn* significa queima e *out*, exterior, na língua inglesa; este termo associado a uma síndrome significa o esgotamento decorrente do desgaste profissional".[40]

Esta síndrome também é conhecida como o "desgaste ocupacional dos cuidadores" e pode atingir pastores enquanto cuidam de pessoas que sofrem.

> Quando enfrenta dores e sofrimentos, o pastor, como profissional de relação de ajuda, é também afetado por elas, mas em geral, não as assume em si mesmo, correndo o risco de contribuir para os dados que indicam que pessoas idealistas, que se sentem vocacionadas para as relações de ajuda são candidatas em potencial à Síndrome de *Burnout*.[41]

Por incrível que pareça, não somente as dores dos membros causam sofrimento aos pastores.

> Para os pastores, não somente a doença e a morte se tornam parte da vida cotidiana, como crises de perda e luto, mas também as alegrias e conquistas das pessoas da comunidade podem se tornar estressoras por envolver crises de ganho no pastorado.[42]

---

40   Oliveira, *Cuidando de quem cuida*, p. 71.
41   Ibid, p. 70.
42   Ibid, p. 69.

É muito difícil o cuidador não ser atingido pelo sofrimento de quem está sendo cuidado. O fato de praticar a misericórdia, colocar-se na posição do outro, desgasta e causa sofrimento aos pastores. Este é um fato que não pode ser negado ou ignorado.

1.2.5   A família do pastor é o alvo

O sofrimento do pastor aumenta bastante quando sua esposa e filhos sofrem. Muitas vezes, a família do pastor é alvo das críticas da igreja. Ela é muito vigiada, todos precisam ter um comportamento exemplar. Há momentos em que a residência do pastor parece um grande aquário, no qual os que estão do lado de fora podem observar o que acontece em seu interior.

Há membros que fazem grandes exigências sobre a esposa do pastor. Apesar de normalmente somente ele ser chamado e contratado para a função de pastor, exigem que a esposa acumule alguns cargos e seja irrepreensível. Ela é criticada por causa do modo de se vestir, de como "gasta" o dinheiro que a igreja paga a seu marido, de como cuida da sua casa e de sua família.

Se não toca algum instrumento ou é líder da Escola Bíblica Dominical também não está bom, porque não se envolve com a igreja. Quando não acompanha o marido às visitas é fria e indiferente; se o acompanha é ciumenta e não confia no seu esposo.

> Se ela é asseada e procura mostrar-se apresentável, ostenta vaidades; se dá pouca atenção à sua aparência pessoal, prejudica o pastor porque não sabe se apresentar de modo adequado; se veste-se bem e usa roupas bonitas, é extravagante e vaidosa, e dissipa o dinheiro que Deus dá ao marido para a subsistência familiar; se assiste ao seu marido, é usurpadora da autoridade do pastor e faz uso de um direito que não tem; se ela se recusa a cooperar com determinada coisa, está se eximindo do chamado de Deus e falhando em sua responsabilidade de tornar mais leve a carga de seu marido.[43]

---

43   Nemuel Kessler, apud LOPES; LOPES; DEUS, 2011, *Fundamentos de teologia pastoral*. (São Paulo: Mundo Cristão, 1998): p. 108.

"Faz muito tempo, que a pessoa mais sacrificada e machucada da igreja é a esposa do pastor".[44] Esta constatação tem sido feita por pessoas que acompanham a vida familiar dos pastores. No entanto, não são somente as críticas da igreja que afetam as esposas dos líderes. Muitas vezes, o próprio pastor causa sofrimento a sua esposa, por não dar a devida atenção a sua família. Pressionado pelos compromissos, acaba negligenciando o cuidado com sua família. "Ninguém que reflita um pouco pode negar que o ministério é potencialmente perigoso para o casamento e para a família do pastor".[45] Kemp selecionou alguns depoimentos de esposas de pastores insatisfeitas com o tratamento recebido de seus maridos:

> – Meu marido cometeu adultério emocional e mental. Ele se casou com a igreja e abandonou a mulher e os filhos em casa.
>
> – Meu marido prega sobre o amor; mas não o demonstra à sua mulher e nem a seus filhos.
>
> – Na última quarta-feira à noite, tivemos uma briga horrorosa! Em meio à discussão, meu marido me empurrou e eu caí no chão. Ele então, virou as costas e saiu de casa para ir à igreja dirigir o culto de oração.[46]

Sempre que os pastores se preocupam mais com a igreja do que com sua própria família, eles próprios causarão sofrimento à sua esposa e filhos.

> A escala hierárquica deve ser: Deus, família e igreja. Entretanto, não são poucos os pastores que fracassam em seu ministério porque relegam sua família a segundo plano em relação à igreja, por se esquecerem de que a família é inseparável do ministério pastoral".[47]

Os filhos, além de sofrer com a ausência do pai, frequentemente também são alvos das críticas dos membros. Grandes expectativas repousam sobre os ombros dos filhos de pastores. Assim como suas mães, eles também precisam ter uma conduta exemplar para agradar às pessoas.

---

44   Jaime Kemp. *Pastores em perigo*. (São Paulo: Sepal, 1996): p. 57.
45   John MacArthur Jr., *Redescobrindo o ministério pastoral. Moldando o ministério contemporâneo aos preceitos bíblicos.* (Rio de Janeiro: CPAD, 1998): p. 177.
46   Kemp, *Pastores em perigo*, p. 58.
47   Edson Lopes, Nivea Lopes e Pérsio Gomes de Deus, *Fundamentos da teologia pastoral*. (São Paulo: Mundo Cristão, 2011): p. 107.

Filhos de pastores, e quero acrescentar também os filhos de missionários, têm por obrigação serem melhores que qualquer outro jovem de sua idade. Os professores da Escola Dominical esperam ouvir deles a resposta bíblica mais correta. Ao surgir um trabalho voluntário na igreja ou mocidade, é o(a) filho(a) do pastor/missionário quem primeiro deve se apresentar. Ele(a) é pressionado(a) a não se atrasar nunca, ser o(a) líder da equipe de louvor, saber todas as respostas e ser sempre o exemplo vivo de um verdadeiro cristão em aparência e atitudes.[48]

Essas cobranças trazem sofrimento tanto aos filhos quanto a toda a família. É doloroso para o pastor perceber que a igreja à qual serve pressiona e maltrata seus entes queridos. Esta é uma situação real que, às vezes, se torna insustentável para sua esposa. O pastor procura proteger sua família, porém nem sempre consegue.

São tantas as investidas contra a esposa do pastor que algumas, por não suportarem a situação, acabam por deixar a igreja e, em muitos casos, o próprio marido.[49]

Quando a família sofre, com certeza o pastor também sofrerá. É difícil conviver com o sofrimento da família e, ainda assim, ter ânimo para trabalhar. O pastor pode causar sofrimento à sua família, mas, sem dúvida, também é afetado pelo sofrimento que há em seu lar. Certamente, a família é um elemento muito importante no sofrimento dos pastores.

1.2.6 O pastor não tem com quem desabafar: solidão

Pastores são pessoas solitárias. Esta afirmação pode escandalizar os membros, pois ele sempre está rodeado de pessoas. No entanto, quando precisa de alguém para compartilhar suas angústias e dores, dificilmente encontra um ouvido capacitado e maduro para ouvi-lo.

A solidão é um perigo que ameaça constantemente os cuidadores e tem sido uma das principais queixas de pastores, que precisam remover a couraça da

---

48   Kemp, *Pastores em perigo*, p. 69.
49   Lopes, Lopes, Deus, *Fundamentos da teologia pastoral*, p. 109.

solidão. Não se trata de uma solidão física, mas existencial, no sentido de não ter com quem desabafar".[50]

O pastor ajuda suas ovelhas, procura ouvi-las e cuidar delas, mas dificilmente encontra um ombro amigo. Todavia, o pastor também sofre e precisa de cuidados. Chegará o momento em que ele estará cansado e angustiado pelos problemas que ouve em seu gabinete pastoral e precisará desabafar com alguém.

> Na realidade, se o sigilo do gabinete pastoral funciona para as confissões da comunidade, por que o mesmo não se dá nas relações entre pastores? Seria uma questão relacional, uma vez que muitos perdem suas amizades anteriores, quando são transferidos de comunidade ou cidade? O isolamento pastoral, e consequentemente a solidão decorrem de várias causas, entre elas: muita atividade, temor em expor suas dificuldades, dificuldade de iniciar amizades e tantas mais. Desenvolver amizades requer tempo, para que haja o compartilhar, o crescimento da confiança.[51]

Provavelmente a dificuldade em encontrar um amigo confiável seja uma das maiores barreiras para que a solidão seja amenizada. Em geral, pastores não possuem amizades profundas.

> Pastores podem sentir-se muito sós quando no ministério. Às vezes, por medo de confiar em alguém na igreja e este não ser capaz de guardar segredo. Em geral, não têm relacionamentos íntimos com outros pastores de sua denominação e muito menos de outras".[52]

Pastores vivem situações curiosas. Há momentos em que estão em contato com inúmeras pessoas, mas, no momento seguinte, sentem-se solitários. Groeschel conta sobre uma experiência que teve ao pregar para mil adolescentes em um acampamento cristão. Terminado o culto, estava de volta ao quarto do hotel, sentindo-se triste e solitário.

> As lágrimas me pegaram de surpresa. Em seguida, vieram as dúvidas: "As pessoas esperam contar comigo para ajudá-las, mas o que acontece quando

---

50 Oliveira, *Cuidando de quem cuida*, p. 81.
51 Ibid, p. 82.
52 Kemp, *Pastores ainda em perigo*, p. 44-45.

quem está triste sou eu? E quando sinto medo? Ou quando sinto falta de ser apreciado? Ou quando me sinto só? Quem ministra ao pastor?" Num momento, eu estava diante de uma multidão e minha atitude era de autoconfiança. No instante seguinte, chorava no canto de um quarto de hotel, acreditando, com toda a sinceridade, que ninguém se importava se eu estava vivo ou morto.[53]

Não há dúvidas de que a solidão tem atingido os pastores. Este problema pode se tornar ainda mais sério, pois pode afetar a saúde física dos que se dedicam a ajudar o próximo.

Ora, a dor que não é expressa verbalmente, se manifesta de forma psicossomática, ou seja, faz adoecer. As pastoras e pastores vivenciam situações normais, ou conflitivas, como outras pessoas, e em certas circunstâncias foram feridas ou traídas. E estas situações precisam ser tratadas, para que haja perdão e 'cura' do afeto".[54]

A realidade é que pastores também estão sujeitos a angústias, sofrimento e cansaço. Se nestes momentos críticos não encontram alguém para compartilhar suas dores, sentem-se sós. A solidão, um problema por si só, acaba por agravar ainda mais as dificuldades já existentes.

1.2.7 A igreja é conduzida como uma empresa

Em busca de causas para o sofrimento dos pastores, é importante verificar como igrejas e pastores são vistos atualmente. É bem provável que, após esta análise, alguns motivos sejam identificados. Parece que os termos "igreja" e "pastor" têm mudado de significado. Ricardo Barbosa de Sousa enxerga esta mudança:

Nossas igrejas hoje refletem mais as estruturas eficientes do mercado e menos a glória da imagem de Deus em Cristo. No entanto, as ovelhas de Jesus clamam cada vez mais por pastores, pastores com tempo e compaixão para

---

53 Groeschel, *Confissões de um pastor*, p. 56.
54 Oliveira, *Cuidando de quem cuida*, p. 83.

ouvir o clamor de suas almas cansadas, aflitas, confusas em busca de orientação, maturidade, transformação".[55]

A tendência de achar a igreja parecida com uma empresa tem causado transtornos. Alguns enxergam semelhanças entre ambas e, geralmente, entendem que a igreja é uma empresa. Quando isso acontece, procuram aplicar às igrejas princípios que funcionam nas empresas. Normalmente o resultado não é satisfatório. É verdade que existem semelhanças, porém as diferenças são maiores e não permitem que ambas sejam tratadas de maneira igual. Equiparar igreja à empresa traz consequências a igrejas e pastores.

> Meu interesse foi despertado em face da era em que vivo, na qual o trabalho de grande parte da liderança da igreja não é pastoral e nem teológico. A dimensão pastoral desta liderança encontra-se muito desgastada pelas influências tecnológicas e administrativas. A dimensão teológica da liderança da igreja foi marginalizada pelas preocupações terapêuticas e de marketing. O trabalho evangelístico de liderar a comunidade dos fiéis a Cristo foi separado de sua fonte. Pelo menos entre os líderes, a mente racionalista passou a dominar as escolas e a atitude funcionalista prevalece nas igrejas a ponto de a Teologia pastoral propriamente dita, mal ser reconhecida. O racionalismo e o funcionalismo, ambos com características redutivas, deixaram a Teologia pastoral magra e anêmica.[56]

Apesar de não ser algo positivo para o Corpo de Cristo[57], infelizmente diversas vezes pessoas têm enxergado a igreja como empresa. Possivelmente, partindo do pressuposto que ambas trabalham com gente. Como sempre surgem novos programas aplicáveis ao gerenciamento de pessoas nas empresas, entende-se que os mesmos modelos funcionam com igual sucesso se utilizados na igreja.

No entanto, há grandes diferenças entre empresas e igrejas. A empresa existe principalmente para gerar lucros financeiros. Há outras metas

---

55   Ricardo Barbosa de Sousa, "Prefácio" in: Eugene Peterson, *A vocação espiritual do pastor*. (São Paulo: Mundo Cristão, 2008), p. 8.

56   Eugene Peterson, "Paulo: terminando a carreira em Roma", in: Marva Dawn e Eugene Peterson, *O pastor desnecessário*. (Rio de Janeiro: Textus, 2000): p. 56, 57.

57   Ou igreja, conforme já explicado na introdução.

secundárias, mas esta é a principal: se não conseguir isso, ela não se mantém. Está claro que a igreja não existe para este propósito. Gerar receitas não pode ser a razão da existência da noiva de Cristo.

É evidente que uma igreja precisa se manter equilibrada financeiramente para continuar existindo. Há a necessidade de pessoas capacitadas em suas fileiras para administrar os recursos e cuidar para que as entradas não sejam inferiores às saídas. Este trabalho é importante e precisa ser realizado com muito zelo, pois os recursos de uma igreja devem ser entendidos como meios para que a mesma alcance os seus propósitos. Quando é exigido que um pastor cuide das finanças e atraia mais pessoas para produzir crescimento, a pressão sobre o líder cria tensões. Ele deixa de cuidar das pessoas para atender "interesses empresariais", e essa situação pode gerar grande desgaste e sofrimento.

> Nossas vocações são atormentadas, de um lado, por apetites consumistas, e, de outro, por uma mentalidade mercadológica. A vocação pastoral é interpretada pela congregação como o trabalho de suprir as necessidades religiosas das pessoas no momento em que são solicitadas, ao melhor preço possível; no aspecto eclesiástico, significa satisfazer essas mesmas necessidades rápida e eficientemente. Essas condições reduzem a vocação pastoral à "simples" economia da religião, arrastam-na a uma competitividade inexorável e a entregam nas mãos de peritos em relações públicas e especialistas em marketing.[58]

As igrejas são influenciadas pela época vivida. Parece que o modelo capitalista, que prevalece na economia de uma parcela significativa do mundo atual, está influenciando o contexto eclesiástico. As empresas precisam produzir cada vez mais e reduzir custos para que possam ter um produto competitivo em um mercado cada vez mais acirrado.

Dispostas a vencer esse enorme desafio, procuram aprimorar técnicas de produção e gerenciamento de pessoas, visando minimizar despesas, aumentar receitas e, consequentemente, aumentar seus lucros. Como há pessoas

---

58 Eugene Peterson, *A vocação espiritual do pastor*, p. 15.

que enxergam grandes semelhanças entre empresas e igrejas, tendem a aplicar na igreja os mesmos métodos e técnicas que utilizam ou aos quais são submetidos nas companhias. O que parece uma ótima ideia acaba prejudicando o bom andamento das igrejas e o trabalho dos pastores, transformando-os em vítimas do sistema empresarial.

Quando isso acontece, as consequências são logo sentidas. Pastores são tratados apenas como profissionais. As igrejas que os "contratam" esperam que eles ofereçam um ótimo custo-benefício, ou seja, que o salário que recebem seja recompensado com uma grande produção. Quando o trabalho de um pastor é avaliado, frequentemente percebe-se que o importante são os números alcançados: quantas conversões, quantos batismos, número de visitas e aconselhamentos realizados, entre outros.

Peterson comprovou esta suspeita. Todo mês, ele precisava preencher e enviar aos seus supervisores um relatório de duas partes sobre sua atividade pastoral.

> A primeira página lidava com estatísticas: quantas ligações eu fiz, quantas pessoas vieram ao culto, relatório financeiro das ofertas, o progresso da construção e atividades do comitê".[59]

A segunda parte do relatório tratava do seu lado pessoal:

> ... minha compreensão sobre a presença de Deus em meu trabalho, ruminações teológicas sobre a igreja, minha compreensão sobre missões, áreas de dificuldades que estivessem surgindo em meu ministério, pontos fortes e habilidades que pareciam estar emergindo".[60]

Para verificar se a equipe de supervisão também estava interessada em sua vida privada, solicitou auxílio diversas vezes. Após três anos solicitando ajuda pessoal sem sequer uma resposta, ele ficou muito desapontado:

> Eu descobrira que, espiritualmente e vocacionalmente, estava só. As pessoas que me ordenaram e se responsabilizaram por meu trabalho estavam

---

59 Ibid, p. 78.
60 Ibid.

interessadas nos relatórios financeiros, nas listas de frequência e no planejamento da programação, mas não estavam interessadas em mim. Estavam interessadas em meu trabalho, mas pouco se importavam com minha vocação.[61]

Esta experiência mostra que por vezes pastores são tratados como executivos, diretores de negócios. É esperado que os mesmos atinjam metas, mostrem números para provar que estão trabalhando bem. Neste processo, pastores são instrumentos para que a igreja alcance uma grande quantidade de pessoas. Corremos o risco de enxergar as pessoas somente como elementos a serem conquistados para que a igreja atinja suas metas.

O interesse por pessoas facilmente é deixado de lado. O processo se torna muito impessoal. O que interessa são os números. Facilmente as igrejas são avaliadas pelo "crescimento" que estão experimentando.

> Numa economia capitalista/consumista, avaliamos, sem pensar, progresso em termos de números maiores. Quando nos acostumamos a essa mentalidade, só prestamos atenção àquelas partes da realidade que podemos medir em números. Acostumamo-nos a usar a palavra crescimento nesse contexto".[62]

No entanto, o que é crescimento? Será que tem a ver com aritmética, como geralmente é aplicado nas empresas e igrejas?

> Esquecemos que crescimento é uma metáfora biológica, não aritmética. O crescimento na biologia tem a ver com tempo, passividade, espera, proporção, maturidade. Existe um tamanho certo para cada coisa. Existem proporções a serem mantidas. Esse processo de crescimento é algo extremamente complexo e misterioso. Cada congregação tem proporções, simetrias e um tamanho adequado. Congregações diferentes, em lugares e condições diferentes, terão proporções e tamanhos diferentes.[63]

Este é somente mais um entendimento errôneo decorrente da associação de empresa com igreja. A pressão por crescimento numérico, desejado

---

61 Ibid, p. 80.
62 Ibid, p. 127.
63 Ibid.

e legítimo em empresas, tem causado prejuízos em algumas igrejas. Pastores têm sido pressionados a buscar crescimento a qualquer custo. Isso tem causado muitos sofrimentos e angústias aos servos de Deus. Pessoas que foram chamadas por Deus para serem pastores de ovelhas, não diretores de negócios em igrejas que mais se parecem com companhias empresariais. "A igreja não é um negócio. Pelo contrário, ela funciona de forma contrária a um negócio humano. Um negócio é motivado pelos resultados".[64]

1.2.7.1 Pastores são cobrados como executivos

A frustração começa quando pessoas que não têm noção nenhuma do que Deus espera dos pastores se aventuram em definir a lista de tarefas dos encarregados de apascentar as ovelhas de Deus. Normalmente são bem-intencionadas. Geralmente cidadãos que têm sucesso em sua carreira profissional, empresários bem-sucedidos ou funcionários extremamente dedicados, sempre comprometidos com o aumento do lucro de suas companhias. Como são ótimos nas empresas, com certeza serão capazes de dirigir uma igreja: este muitas vezes é um pensamento corrente entre as fileiras dos membros das igrejas. No entanto, isso nem sempre é verdade. Para dirigir uma igreja é necessário conhecimento da Bíblia, não necessariamente das regras de mercado.

Para o pastor, é muito frustrante perceber que as pessoas que o supervisionam entendem muito pouco da Bíblia.

> E pior ainda é verificar que praticamente nenhuma das pessoas que elaboraram a lista já leu, nem mesmo ouviu, o texto, as Escrituras Sagradas, que orienta nosso trabalho. Nenhuma delas já presenciou o momento da ordenação, que define nossa obra. Coloca-se, então, a necessidade sobre a vida religiosa, mas cansativa, do pastor.[65]

Quando a lista de tarefas do pastor é feita por pessoas que não têm conhecimento bíblico algum sobre o tema, o resultado é trágico. Pastores

---

64 Lopes, Lopes, Deus, *Fundamentos da teologia pastoral*, p. 135.
65 Eugene Peterson, "Tito: começando a carreira", in: Dawn e Peterson, *O pastor desnecessário*, p. 172.

são oprimidos, desvalorizados e exigidos de maneira errônea. Percebemos que é comum haver enganos sobre o papel do pastor em meio às comunidades evangélicas. Novamente, Peterson auxilia a compreensão deste quadro:

> Ao contrário da opinião popular, os pastores não são pau-para-toda-obra. Já fomos oprimidos demais pelas exigências bem-intencionadas, mas ignorantes, dos que dizem o que temos que fazer e mostram por que somos necessários a esse ou aquele programa, essa ou aquela vida. Todo mundo tem uma lista de atribuições para o pastor. Todos sabem o que o pastor precisa fazer para ser um pastor de verdade.[66]

Ser exigido de maneira equivocada traz sofrimento aos pastores. A frustração e a dúvida andam lado a lado nestes momentos. A quem o pastor deve obediência quando há claras incoerências sobre seu papel? A Deus, o autor do chamado, ou à igreja, a responsável por supervisionar seu trabalho? Deus o chama para estudar e anunciar sua Palavra, mostrar o caminho aos pecadores, acolher e cuidar de pessoas, dedicar tempo à oração. Atividades que, por vezes, não se enquadram no ativismo vivenciado atualmente. Muitas vezes, ao fazer o que Deus quer dele, o pastor pode passar uma imagem de acomodado e passivo às pessoas que o "contrataram".

Para os supervisores do seu trabalho, é fundamental que ele seja muito ativo, participe regularmente de todos os programas da igreja, cumpra metas, produza algo visível, que possa ser medido com números. Fazer o que é exigido pela liderança que o empregou, muitas vezes, significa um grande perigo para o pastor. Por vezes quer dizer ser machucado, gastar a energia com atividades para as quais não foi chamado e até ver a destruição de sua vocação:

> Muitos estão descobrindo isso, e a insatisfação está se aprofundando entre os pastores. A fraude da religião popular da qual sempre fomos cúmplices involuntários nos obriga a examinar nossa consciência vocacional. Perguntamos: "É para isso mesmo que fui chamado? É isso que 'pastor' significa?"

---
[66] Ibid.

Examinamos nossas descrições de trabalho, e perfis de carreira feitos para nós, ouvimos o conselho dos especialistas e coçamos a cabeça, pensando como chegamos até aqui.[67]

1.2.7.2 O sofrimento do pastor se propaga

Parece que tal situação é comum no relacionamento entre algumas igrejas e pastores atualmente. Provavelmente é fruto da época em que vivemos. Infelizmente, não é a única consequência do entendimento de que a igreja é uma empresa. Há pastores que simplesmente não têm forças para continuar remando contra a maré. Quando a pressão por ativismo e resultados numéricos fica insustentável acabam cedendo às exigências "dos administradores de suas carreiras". Isso é trágico para sua própria vida. No entanto, quando afeta a vida do pastor pode ser prejudicial para a igreja toda, causando um rastro de sofrimento.

Um dos maiores perigos quando o pastor cede à pressão por resultados e números é o que segue:

> O perigo constante enfrentado pelos que se alistam no batalhão dos pastores ordenados é que assumimos uma função, desempenhamos um papel de profissional da religião que, pouco a pouco, esconde a vida da alma".[68]

Quando o pastor se torna um profissional da religião, aquele que trabalha somente perseguindo números e metas, perde sua essência. É possível isso acontecer quando ele começa a tratar suas ovelhas da mesma maneira como é tratado pelos seus supervisores. Ele, tratado como ferramenta para atingir resultados, começa a enxergar as ovelhas, também, como meros instrumentos para atingir as metas a ele impostas. Neste momento toda a preocupação com a vida das pessoas se perde. Perde-se todo o interesse em acolher e cuidar, o amor ao próximo perde seu lugar. Os relacionamentos na igreja tornam-se parecidos com a descrição abaixo:

---

67 Peterson, *A vocação espiritual do pastor*, p. 106.
68 Eugene Peterson, "Sobre o ser desnecessário", in: Dawn e Peterson, *O pastor desnecessário*, p. 12.

> Os homens e as mulheres com quem vivemos e trabalhamos tornam-se meros objetos. Deixam de ser, basicamente, as pessoas que amamos, quer através de uma afeição natural (cônjuge, filhos, amigos) ou de uma ordem de Cristo (ama teu próximo como a ti mesmo). Pouco a pouco, todos se transformam em meros instrumentos de trabalho. Sob a pressão de "trabalhar para Jesus" ou "cumprir a missão da igreja", esses que antes eram o próximo passam a ser tratados em termos profissionais: passam a ser vistos como "recursos" ou "peso-morto", como "ativos" ou "passivos", como "homens e mulheres perspicazes" ou "obtusos".[69]

Parece que, quando igrejas são administradas como empresas, facilmente o pastor perde o que tem de mais valor: a paixão por Deus e pelas pessoas. Infelizmente, pastores têm sido levados a trabalhar em negócios eclesiásticos, muito mais preocupados em estatísticas, estratégias, metas e números. Algumas vezes a exigência administrativa é tão grande que ficam sem nenhuma energia para cumprir seu verdadeiro chamado: cuidar de almas, amar as pessoas.

O pastor, a primeira vítima do modelo empresarial aplicado às igrejas agora é o que faz novas vítimas. Pessoas aflitas e carentes, necessitando que alguém apresente a elas o amor de Deus, são transformadas em meros meios para que o pastor e a igreja atinjam seus objetivos. Agindo assim, muitas vezes inconscientemente, o pastor é causador do sofrimento que atinge as ovelhas e até mesmo sua própria família.

1.2.7.3 A obsessão pelo sucesso leva o pastor ao sofrimento

Outro perigo real enfrentado pelos pastores em uma igreja conduzida como uma empresa é quando os mesmos acabam gostando da ideia de serem profissionais de sucesso conforme o entendimento do mundo. Em empresas, normalmente os colaboradores têm como objetivo construir uma carreira gloriosa, galgando posições e, consequentemente aumentando seu prestígio e rendimento. Este tipo de atitude, respeitando-se certos limites é louvável e esperado pela liderança das empresas.

---

69   Ibid, p. 14.

No entanto, o conceito de sucesso para um pastor é definido por Deus, e totalmente diferente do entendimento das empresas. Um pastor tem sucesso em seu trabalho quando está no lugar que Deus gostaria que estivesse vivendo em obediência à vontade daquele que o chamou. Peterson esclarece este ponto utilizando o exemplo de Jonas. Nínive era o lugar que Deus tinha definido para ele. Porém, Jonas queria ir a Társis, que representava a desobediência a Deus:

> De alguma maneira, nós, pastores, sem percebermos o que estava acontecendo, tivemos nossas vocações redefinidas pelos termos da carreira empresarial. Paramos de pensar na igreja como um lugar para a espiritualidade pastoral e passamos a vê-la como uma oportunidade para avançarmos. Társis, e não Nínive, era o destino. No momento que fizemos isto, começamos a agir erroneamente, pois a vocação de um pastor tem a ver com viver as implicações da Palavra de Deus numa comunidade, sem velejar pelos mares exóticos da religião em busca de fama e fortuna.[70]

Motivados pela pressão e pelo desejo de pessoas que definem e supervisionam suas tarefas, muitos pastores acabam sendo engolidos pela obsessão pelo sucesso. Infelizmente, quando isso acontece, o final normalmente não é muito glorioso. Os pastores acabam exaurindo suas próprias forças, podendo até mesmo chegar ao ponto de contrair doenças relacionadas com o esgotamento físico e espiritual.

Outra consequência da referida situação é trazer sofrimento para suas famílias, pois ficam tão obstinados em participar de eventos e cumprir tarefas que se ausentam do seu lar. Exemplos desta situação não faltam. Jaime Kemp estava focado em ter sucesso. E, para isso não media esforços. Viajava muito e cumpria inúmeros compromissos. O resultado foi que sua esposa caiu em uma profunda depressão, enfermidade que a fez sofrer durante um ano e meio. Ele resume o que aprendeu desta experiência: "Se o tempo retrocedesse, sinceramente eu teria mais cuidado com minha esposa, mãe de minhas filhas, e menos ativismo ministerial".[71]

---

70 Peterson, *A vocação espiritual do pastor*, p. 29.
71 Kemp, *Pastores em perigo*, p. 12.

É necessário que pastores e congregações entendam que igreja não é empresa. Não é possível buscar sucesso do ponto de vista empresarial na igreja. Se continuarem perseguindo este objetivo, pastores sofrerão e causarão grandes sofrimentos à sua família. Peterson, novamente utilizando o exemplo de Jonas, mostra esta diferença:

> A congregação é semelhante à Nínive: um lugar de trabalho duro sem muita expectativa de sucesso, pelo menos do modo como é medido pela sociedade".[72]

Se esta lição for aprendida, trará liberdade ao coração do pastor e este poderá ser utilizado de maneira mais eficaz por Deus, aquele que o chamou à obra.

1.2.7.4 O imediatismo traz sofrimento ao pastor

No mundo empresarial, onde a competição é muito acirrada e, por vezes, cruel, uma companhia não tem tempo a perder. Normalmente, quanto mais ágil e rápida for, maiores serão as chances de sucesso. Neste contexto, "tempo é dinheiro" e tudo se torna urgente, há muita pressão por resultados rápidos. Quando a igreja é vista como empresa, inevitavelmente essa "tirania do urgente" influenciará o andamento do Corpo de Cristo. Kemp observa esta situação:

> Atualmente, quando penso em nós, pastores, vem à minha mente a figura daquele artista circense. Em nosso ministério, temos inúmeros pratos de porcelana para girar. Tentamos nos desdobrar para equilibrar sempre firmes e ativos os diversos pratos que compõem o universo de nossas igrejas. Somos pastores de rebanhos, mas diversas vezes nos encontramos afligidos pela necessidade de uma ação imediata. Somos envolvidos pela tirania do urgente.[73]

A agenda do pastor mostra como ele está administrando seu tempo. Quando o urgente predomina, logo ela estará repleta, pois qualquer compromisso que surge precisa ser resolvido rapidamente. Neste momento,

---
72 Peterson, *A vocação espiritual do pastor*, p. 26, 27.
73 Kemp, *Pastores em perigo*, p. 17.

sua vida torna-se parecida com a do artista circense descrita acima. Seu trabalho é realizado com grande velocidade, e não há espaços entre as atividades. Tudo se torna imprescindível, não é possível desperdiçar nenhum minuto sequer.

Quando moldada pelo imediatismo, a vida do pastor torna-se uma grande correria. E o pior é que, quando ele está neste ritmo, parece que é impossível libertar-se desse estilo de vida. O ritmo só tende a aumentar e o fardo se torna cada vez mais pesado. Infelizmente a necessidade de realização imediata causará sérios danos à vida do pastor e de sua família. Mais cedo ou mais tarde, as consequências, impreterivelmente, aparecerão.

O primeiro afetado é o próprio pastor. Kemp esclarece:

> Em diversas ocasiões o pastor corre para atender essas "birras", achando que está agindo corretamente; porém, o mais lamentável é que enquanto tentamos apagar os focos de fogo do urgente, perdemos força, energia e tempo para fazer o que é importante".[74]

A perda de energia e força pode levar à já citada Síndrome de *Burnout*, "que provoca esgotamento físico e mental e atinge profissionais que trabalham diretamente com situações de conflito".[75]

Este mal está associado a sobrecarga de trabalho e falta de tempo de lazer, que ocorre quando o pastor é vítima do imediatismo:

> Os fatores desencadeantes são, em geral, sobrecarga de trabalho e/ou, frustração por não atingir as metas propostas, dedicação excessiva ao trabalho (dificuldade para ter um lazer ou ócio e estar com a família), e falta de autonomia em situações de grande responsabilidade.[76]

Como mencionado, a família do pastor também sofrerá as consequências de sua excessiva dedicação ao trabalho. Esta situação é extremamente danosa tanto para o pastor, quanto para seu cônjuge e filhos.

---

74 Ibid, p. 18
75 Oliveira, *Cuidando de quem cuida*, p. 72.
76 Ibid.

> Considero as esposas de pastores como as pessoas mais sacrificadas da igreja evangélica e, seus filhos, os mais incompreendidos. Se nos detivermos tempo suficiente para analisar a questão, concluiremos que nossos relacionamentos familiares se encontram no caos, isso sem mencionar nossas vidas pessoais.[77]

Qual seria a maneira correta de se fazer o trabalho para Deus? Será que ele está satisfeito com seus servos que tentam desesperadamente atender com urgência em seu nome todas as necessidades que surgem? Novamente o pastor Jaime Kemp nos auxilia a entender o que Deus espera daqueles que ele chamou:

> "As prioridades de Deus não são barulhentas, não exigem um atendimento imediato. Elas aguardam calma e pacientemente que compreendamos seu valor".[78]

O pastor Ricardo Gondim, também colabora com um conselho aos pastores que estão iniciando sua caminhada, perfeitamente aplicável aos mais experientes:

> Eu diria aos mais jovens que tomassem muito cuidado para não gastarem todas as suas energias nos primeiros anos de ministério. Exortaria, ilustrando o serviço de Deus como uma maratona e dizendo que não adianta se apressar nos primeiros anos. Contaria os exemplos de tantos que se arrebentaram antes da linha de chegada. Quantos pastores destruíram suas famílias e seus filhos no afã de serem úteis e produtivos! Quando chegaram os anos da meia idade, já estavam estressados e cansados![79]

1.2.8 Remuneração insuficiente

Um motivo que causa sofrimento às famílias dos pastores, porém não é muito comentado, é a remuneração insuficiente. O tema é sensível e muitos

---

77 Kemp, *Pastores em perigo*, p, 18.
78 Ibid.
79 Ricardo Gondim, "Se eu fosse mais velho", in: *Ultimato*, ed. 279, nov/dez/2002. Disponível em https://goo.gl/hvuNQo (acesso em 05/10/2017).

preferem sofrer calados, com medo de represálias. Também temem ser mal-interpretados, por isso, mantêm o silêncio.

"É preferível continuar recebendo pouco a correr o risco de ficar sem nada" parece ser um pensamento corrente. Provavelmente alguns membros da igreja acham que o pastor nunca enfrentará crises financeiras, pois foi chamado por Deus que, assim, se tornou seu principal ou até único provedor. No entanto, quando pesquisas sobre crises e sofrimentos ministeriais são feitas, é nítido que pastores passam por crises financeiras.

Em uma pesquisa respondida por 211 pastores batistas do Estado de São Paulo, fica evidente que crises financeiras estão entre as mais frequentes enfrentadas por pastores. O teólogo Guilherme Ávilla Gimenez, autor da pesquisa, também conclui que o principal motivo das crises financeiras é o baixo salário.

> De igual modo comprovou-se através do perfil que os pastores têm um salário baixo, o que talvez explique sua autoestima baixa, sua formação acadêmica chegando apenas ao bacharelado, seus problemas familiares que talvez estejam relacionados com privações financeiras e até mesmo o sentimento de perseguição e coação.[80]

Não é difícil perceber que o baixo salário causa sofrimento ao pastor e à sua família. Antes de ser pastor, ele é pai de família, preocupado em dar segurança à esposa e filhos. Quando os recursos financeiros são escassos, isso fica difícil, causando tensão no pastor e desequilibrando a unidade familiar. Roseli de Oliveira conecta o sofrimento ao baixo salário: "Além disso, outros componentes podem se somar na questão do sofrimento psíquico: a baixa renumeração, [...]"[81]

Ter recursos financeiros suficientes para suprir as necessidades básicas de alimentação, vestuário, educação e saúde é essencial para que a família do pastor tenha equilíbrio e estabilidade. Quando a remuneração é insuficiente,

---

80   Gimenez, *A crise no ministério pastoral*, p. 89.
81   Roseli K. de Oliveira, *Pra não perder a alma: o cuidado aos cuidadores* (São Leopoldo/RS: Sinodal, 2012): p. 62.

o pastor sofrerá; portanto, sua família e a própria igreja sentirão as graves consequências.

Além de ter condições para manter sua família enquanto ativo na igreja, é preciso pensar no futuro dos pastores. O que será da sua família se, porventura, ele adoecer, falecer ou quando atingir a idade da aposentadoria? Para resolver ou amenizar estas questões é fundamental que o pastor esteja com sua situação resolvida no Ministério da Previdência Social. Somente quando inscrito e recolhendo contribuições mensais é que ele terá assistência em casos de doença, morte ou aposentadoria.

Ainda é bastante comum que igrejas e pastores não se preocupem com esta situação. Muitos acreditam que "Deus cuida dos seus servos" e acabam negligenciando sua parte. Quando isso não é resolvido, há sofrimento maior e desnecessário quando algo não planejado acontecer. Da mesma maneira, ainda há pastores que moram em casas pastorais oferecidas pelas igrejas, e que não se preocupam em adquirir sua própria, preparando-se para o dia em que não estiver mais trabalhando na igreja. A preocupação com o sustento futuro do pastor deve ser considerada, para que o mesmo tenha tranquilidade no presente e alguma garantia de suporte no amanhã.

2

Paulo: o exemplo bíblico do pastor que sofre

Muitas vezes a vida emocional de um pastor é uma grande montanha-russa. Há momentos em que é elogiado e seu trabalho é reconhecido. Pouco tempo depois, este mesmo pastor experimenta sofrimento e aflições. Nestes momentos ele se sente como se estivesse em uma grande e radical montanha-russa, repleta de subidas e quedas bruscas. No decorrer deste capítulo o apóstolo Paulo será tomado como um exemplo de pastor que sofre. Sua vida está repleta de momentos dolorosos.

Certa vez, quando estava na cidade de Listra, deparou-se com um paralítico, aleijado desde o nascimento. Paulo, vendo que o homem tinha fé, disse em alta voz: "Levante-se! Fique em pé!" Imediatamente, o homem deu um salto e começou a andar. Uma situação assim, com certeza enche um pastor de alegria, pois ele acabara de ser tremendamente usado por Deus.

A multidão se empolgou. No entanto, contaminada pelas crenças helenistas, atribuíram o milagre a Barnabé e Paulo, que foram confundidos com os deuses Zeus e Hermes, respectivamente. O entusiasmo chegou a tal ponto que sacrifícios foram oferecidos aos dois servos de Deus. Não era isso que eles queriam, ao contrário, procuravam levar aquelas pessoas a olhar e crer em Deus.

Os missionários ainda tentaram mudar o foco do povo, mostrando que eles eram seres humanos, e que Deus é que havia operado o milagre. Apesar disso, o povo continuou oferecendo sacrifícios para Paulo e Barnabé. Naquele momento, com certeza a alegria perdeu espaço para a frustração no coração dos dois pregadores. Nada é mais frustrante para um pastor do que perceber que a mensagem de Deus foi mal-entendida pelos ouvintes. Quanta tristeza perceber que a multidão não exaltava a Deus, mas os que foram utilizados por ele.

Todavia, a montanha-russa de emoções ainda não havia terminado. No momento seguinte, as pessoas de Listra, influenciadas pelos judeus de Antioquia e Icônio, passaram a apedrejar Paulo. Que grande mudança! Primeiro ele foi usado tremendamente por Deus, o que com certeza o deixou muito alegre. Em seguida, experimentou grande frustração e agora muito medo e aflição. O apedrejamento foi tão intenso, que o arrastaram para fora da cidade, pois achavam que tinha morrido.

Esta história, relatada em Atos 14.8-20, ilustra muito bem o que ainda hoje pastores experimentam em suas vidas. Alegrias, frustrações e dores andam muito próximas. Mesmo quando se faz um bom trabalho há possibilidades de enfrentar frustrações e angústias. É preciso estar preparado para situações assim, todavia, com certeza as dores acabam deixando marcas muito profundas em suas vidas. O exemplo de Paulo mostrará o quanto pastores podem sofrer em suas caminhadas.

No entanto, o sofrimento não atinge somente os pastores. Seria enganoso supor que somente eles passam por dores e angústias. Todo ser humano sofre. O sofrimento faz parte da existência de qualquer pessoa, independentemente de sua ocupação. Em algum momento da vida todos serão alcançados por crises que levam ao sofrimento. Esta afirmação pode chocar muitas pessoas, pois ninguém, em perfeito estado emocional gostaria de sofrer. Porém, como observado por Jorge Maldonado, autor, pastor e terapeuta familiar, nem todos os momentos na vida são bons: "Nenhuma pessoa ou família parece estar imune às crises, independentemente de sua classe social, seu pano de fundo ético ou sua religião. As crises são acontecimentos universais".[82] Como pastores são humanos, também serão atingidos por sofrimentos pelos quais qualquer pessoa passa.

Após constatar, no capítulo 1, que pastores sofrem, uma reação comum é buscar alternativas para evitar e eliminar todo o sofrimento dos mesmos. É verdade que os sofrimentos citados no primeiro capítulo podem ser evitados ou diminuídos; no entanto, buscar a supressão total das crises dos pastores é impossível. Eles sempre estarão sujeitos às mazelas da vida, que são comuns a todo ser humano. O Dr. Gary R. Collins cita a constatação que um jovem pastor fez, após alguns anos de pastorado em uma pequena congregação: "Nunca pensei que houvesse tanta gente sofrendo neste mundo".[83] "Seus dias e, às vezes até as noites eram um fluxo contínuo de pessoas que o procuravam com os mais variados tipos de problemas".[84]

O sofrimento da humanidade tem ligação direta com a queda. Quando desobedeceram a Deus, Adão e Eva receberam como castigo uma vida de sofrimentos. Toda a humanidade, representada pelo primeiro casal neste episódio, sente as consequências dessa atitude, afinal, o sofrimento é uma consequência do pecado. Então, todo ser humano nasce corrompido e sujeito às consequências do pecado. Não há alternativas: todas as pessoas, com certeza, enfrentarão sofrimentos em sua jornada pela vida, e os pastores não são uma exceção à regra.

Apesar de ainda haver pessoas que entendem que a proximidade com Deus garante imunidade às crises e dores aos pastores, isso não é verdade. Pastores são gente, por isso enfrentam as mesmas angústias e aflições comuns a todos os seres humanos. Por vezes são atingidos por doenças,

---

82   Jorge E. Maldonado, *Crises e perdas na família: consolando os que sofrem*. (Viçosa/MG: Ultimato, 2005): p. 10.
83   Collins, *Aconselhamento cristão*, p. 15.
84   Ibid.

problemas de relacionamento, falta de dinheiro, problemas familiares, morte de entes queridos, entre outros: crises que todo ser humano enfrenta algum dia e que não têm relação com a falta de cuidado ou tratamento inadequado recebidos pelos pastores citados no capítulo anterior.

2.1 O sofrimento inerente ao ministério pastoral

Além do sofrimento que faz parte da vida do ser humano, há ainda aquele diretamente ligado ao trabalho de cada pessoa. Todas as profissões trazem consigo dificuldades a serem superadas. Por causa da desobediência de Adão e Eva no paraíso, Deus revelou a Adão que as consequências seriam sentidas no trabalho:

> ... maldita é a terra por tua causa; em fadigas obterá dela o sustento durante os dias de tua vida. Ela produzirá também cardos e abrolhos, e tu comerás a erva do campo. No suor do rosto comerás o teu pão... (Gn 3.17b-19a).

O ofício é duro para todas as ocupações. Cada pessoa sente a dureza do trabalho naquilo que faz, isso vale para todas as profissões. Todos precisam trabalhar pesado para ganhar seu sustento. Com o pastor não é diferente, ele sentirá o peso da posição que ocupa, que é de grande responsabilidade.

> Trata-se de um trabalho árduo e difícil, e, na concepção paulina, os que desejam exercer essa liderança devem se perguntar se de fato são capazes de levar adiante tão pesada responsabilidade, que exige sacrifício, labuta, serviço e superação de dificuldades.[85]

Quem almeja ser pastor precisa estar ciente de que isso significa assumir grandes responsabilidades diante do rebanho de Deus. Ao contrário do que alguns imaginam, ser líder exige sacrifícios. Para quem olha de fora, pode não parecer; todavia, o trabalho pastoral não é isento de dificuldades. Ser pastor não é somente pregar aos domingos.

---

85 Lopes, Lopes, Deus, *Fundamentos da teologia pastoral*, p. 69.

Alguns desavisados podem entender que essas tarefas estão restritas aos sermões, aos estudos bíblicos e dominicais, entretanto, esses ministros despendem grande tempo em visitas pastorais, em aconselhamentos destinados às mais diversas orientações e em exortações, bem como dedicam-se à consolação de enfermos e angustiados. Decorre daí que o ministério pastoral é de fato um trabalho árduo.[86]

Traçando um paralelo entre o ministério pastoral de hoje com os pastores de ovelhas do período bíblico, percebe-se que a tarefa não era fácil. Os pastores tinham a função de cuidar incansavelmente dos animais indefesos. Deveriam cuidar de dia e de noite do seu rebanho, evitando que o mesmo fosse alvo de animais ferozes ou salteadores. Da mesma maneira, espera-se que os atuais pastores tomem conta dos membros que estão sob seu cuidado.

Uma qualidade que se espera dos pastores é que sejam servos. Deus não os chama para serem grandes celebridades. Também não devem ser considerados como parte da elite. Muito pelo contrário, devem ser íntegros e humildes, capacitados para atender às expectativas de Deus, o responsável pelo seu chamado.

> O pastoreio exige um homem íntegro, piedoso, dotado de muitas habilidades. Ainda assim, ele deve manter a atitude e a postura humilde de um menino pastor.[87]

Fica bastante claro que "os que forem liderar o povo de Deus devem, acima de tudo, ser exemplo de sacrifício, devoção, submissão e humildade".[88]

Outra realidade muito presente na vida dos pastores é que eles são avaliados por muitas pessoas. Como lideram uma igreja e tomam decisões que influenciam a vida dos membros a todo momento, ficam sujeitos a comentários e críticas dos grupos que lideram. Parece que muitas pessoas buscam,

---

86 Ibid, p. 61, 62.
87 MacArthur, *Redescobrindo o ministério pastoral*, p. 14-15.
88 ibid.

na igreja, a satisfação das suas necessidades. "Aquilo que as pessoas querem, a igreja deve oferecer. Aquilo que as igrejas oferecem, os pastores devem ser treinados para oferecer".[89]

Normalmente, muitas expectativas são depositadas sobre o pastor. Quando crises afetam os membros e familiares, a tendência é que o procurem, esperando que ele resolva seus problemas.

> Muitas igrejas desejam um pastor que resolva problemas sociais, emocionais, conjugais, financeiros e espirituais e, que quando ele não consegue fazer isso, consideram que não tem o 'perfil' esperado.[90]

Não é difícil perceber que a posição que ocupa pode trazer angústias e sofrimentos ao pastor. Sua função exige grande responsabilidade, sacrifícios e espírito de servo. Além disso, está sujeito à avaliação da comunidade, que tem grandes expectativas do seu líder. Este é o preço a ser pago por quem ocupa a posição de pastor. Se forem analisadas outras ocupações, com toda certeza ficará claro que todas trazem dificuldades. Cada trabalho causa algum sofrimento para os profissionais. Estes são decorrentes da queda da humanidade e a extinção completa dos mesmos é impossível.

2.2 Paulo: apóstolo ou pastor?

Nada melhor do que buscar, na Palavra de Deus, exemplos de como é a vida dos pastores. A Bíblia traz exemplos de pessoas que faziam o trabalho pastoral e enfrentavam dificuldades ao exercer essa função. Isso não é novidade e não deve chocar ninguém. Novamente, o melhor exemplo para este tipo de situação é o apóstolo Paulo. Ele é um exemplo bíblico de pastor que sofreu.

Será que Paulo realmente era um pastor? Ele próprio se identificava como apóstolo, como percebemos no início da maioria de suas cartas.

---

89   ibid, p. 31.
90   Lopes, Lopes, Deus, *Fundamentos da teologia pastoral*, p. 52.

Paulo, apóstolo, não da parte de homens, nem por intermédio de homem algum, mas por Jesus Cristo e por Deus Pai, que o ressuscitou dentre os mortos (Gl 1.1).

Nos dicionários, "apóstolo" significa "pessoa enviada"[91], com uma missão. Paulo não tinha dúvidas sobre sua missão. Ele tinha certeza de que fora separado por Deus para anunciar Jesus entre os gentios (Gl 1.15s). Estava convicto de que havia sido chamado pelo próprio Jesus para levar o Evangelho aos não judeus. Para ele, não havia dúvidas de que, assim como os outros doze apóstolos, fora convocado pelo próprio Senhor no caminho de Damasco.

> Pois Paulo era apóstolo. Insistiu, veementemente, neste ponto a partir de Gálatas (Gl 1.1), e não hesitou em comparar sua experiência pessoal de envio por Cristo ressuscitado com as antigas aparições da ressurreição (1Co 15.5-8).[92]

Sempre que sua autoridade era questionada, ele deixava claro que era apóstolo e que o sucesso do seu trabalho na fundação das igrejas entre os gentios, inclusive, provava esta condição.

> Enquanto que para alguns o começo "visionário" da carreira cristã de Paulo pode lançar dúvidas sobre a validade da sua alegação de ser um apóstolo, para Paulo este era a base da sua reivindicação. A seu ver, não havia diferença, exceto pelo atraso no tempo, entre a aparição do Senhor ressurreto a ele e suas aparições anteriores aos primeiros apóstolos. Ele podia apelar, e o fazia, para as conquistas notáveis da sua missão aos gentios, para o registro do que Cristo realizara por meio dele, como confirmação da sua condição de apóstolo, mas isso era um argumento *ad hominem*; em sua própria consciência, era o chamado pessoal do Cristo ressurreto que fazia dele um apóstolo.[93]

Apesar de ser conhecido como apóstolo, Paulo, muitas vezes, foi identificado como pastor, possivelmente porque ele trabalhava como um pastor. As principais tarefas dos pastores atuais são: pregar, ensinar, visitar,

---

91 J. D. Douglas, *O novo dicionário da Bíblia*. (São Paulo: Vida Nova, 1995): p. 95.
92 James D. G. Dunn, *A teologia do apóstolo Paulo*. (São Paulo: Paulus, 2003): p. 644.
93 F. F. Bruce, *Paulo o apóstolo da graça. Sua vida, cartas e teologia*. (São Paulo: Shedd, 2003): p. 138, 139.

aconselhar e orar por membros enfermos e angustiados, cuidar da vida espiritual dos membros da igreja.[94] Durante a vida de Paulo, é nítido que ele também executava a função de pastor. Ele próprio se considerava mais do que apóstolo, pois afirma, em 2 Timóteo 1.11, que foi constituído pregador, apóstolo e mestre. Esta passagem deixa claro que ele próprio se considerava um pastor, pois suas atividades eram muito parecidas com as dos atuais pastores.

> Lá no fundo de seu coração, Paulo considerava-se propriedade de Cristo. Jesus, o Senhor da igreja, o chamou para um ministério no qual ele permaneceu como pastor e apóstolo.[95]

Paulo é autor de treze cartas contidas no Novo Testamento.[96] Três destas cartas – 1 e 2 Timóteo e Tito – são denominadas de cartas pastorais. Percebe-se que, apesar de ser mais visto como apóstolo, Paulo escreveu cartas que são conhecidas como pastorais. Ou seja,

> as três cartas para pastores são dirigidas pelo pastor Paulo aos pastores Timóteo e Tito, e por meio desses dois, aos pastores das igrejas em redor de Éfeso e na ilha de Creta.[97]

Em sua luta para levar o Evangelho aos gentios, Paulo, muitas vezes, agiu como pastor. Diversas vezes durante sua vida, isso era muito visível. Não é difícil notar que o apóstolo não somente fundava igrejas, mas tinha grandes preocupações em cuidar das mesmas. O fato de ser apóstolo não anula sua atuação como pastor. Mesmo a distância, era informado como as novas igrejas se desenvolviam. Quando necessário, enviava alguém ao local, ou escrevia cartas para orientação. Todavia, Paulo normalmente preferia ir pessoalmente às cidades para visitar as igrejas recém-fundadas. Queria conferir como as

---

94 Esta definição é fruto de pesquisas em diversos livros que tratam do tema.

95 Fischer, *O pastor do século 21*, p. 33.

96 Apesar de haver opiniões contrárias à autoria paulina de algumas cartas, neste livro será considerado que Paulo é o autor das seguintes cartas: aos Romanos, 1 e 2 Coríntios, Gálatas, Efésios, Filipenses, Colossenses, 1 e 2 Tessalonicenses, 1 e 2 Timóteo, Tito e Filemon.

97 Werner de Boor e Hans Bürki, *Carta aos Tessalonicenses, Timóteo, Tito e Filemon*. (Curitiba: Esperança, 2007), p. 149.

pessoas estavam indo em sua caminhada como cristãos. Ele precisava verificar se estavam bem.

Esta preocupação com as pessoas foi um dos motivos que o levaram a procurar Barnabé para iniciar a segunda viagem missionária.

> Tudo começou com uma ideia visionária. Paulo sugeriu que voltassem aos lugares que haviam visitado na primeira viagem. Era uma visita pastoral que tinha em mente – dois pastores fazendo a ronda para visitar as ovelhas.[98]

Percebe-se que ele se preocupava em cuidar das pessoas. Queria saber se estavam bem e estava disposto a ajudá-las. Apesar de não estar sempre presente nas diversas igrejas, pois seu objetivo como apóstolo era levar o Evangelho aos gentios, ainda assim era pastor de várias igrejas de grandes cidades de sua época.

Quando Paulo ensinava às igrejas por meio das cartas, fica nítido como ele tinha um grande compromisso com o crescimento dos novos cristãos. Seu objetivo era que eles amadurecessem e, para isso, não media esforços. Sempre que ensinava por meio das cartas, fica "claro que Paulo fala com a voz do pastor profundamente preocupado".[99] Nas epístolas para as igrejas, quando preocupado em corrigir desvios de condutas dos novos cristãos, ficam evidentes sua "firmeza e a sensibilidade da sua preocupação pastoral".[100]

Com certeza, em algumas cartas, fica muito claro que Paulo atuava como pastor. "O lado pastoral do trabalho de Paulo é proeminente nas epístolas aos Tessalonicenses".[101] Assim como pastores o fazem, ele afirmou que estava orando pela igreja nesta cidade (1Ts 1.2). Relacionado à referida epístola, percebemos que "o Senhor fez dele um pastor, equipou-o com as ferramentas de um apóstolo e enviou-o a Tessalônica".[102]

---

98 Charles R Swindoll. *Paulo: um homem de coragem e graça*. (São Paulo: Mundo Cristão, 2012), p. 201.
99 Dunn, *A teologia do apóstolo Paulo*, p. 784.
100 Ibid, p. 792.
101 A. T. Robertson, Épocas na vida de Paulo. (Duque de Caxias/RJ: Casa Publicadora Batista, 1953): p. 141.
102 Fischer, *O pastor do século 21*, p. 30.

Outro momento em que é possível identificar a atuação de Paulo como pastor é quando ele se empenhou em colaborar na coleta financeira a fim de auxiliar os cristãos pobres de Jerusalém. Muito se dedicou para que as igrejas gentílicas por ele fundadas auxiliassem neste empreendimento. A respeito deste assunto, o teólogo e autor escocês James Dunn afirma:

> Mais importante que tudo, a coleta resume em grau único a maneira como a teologia, o trabalho missionário e a preocupação pastoral de Paulo estavam coesas como um todo.[103]

Ainda sobre a coleta, o mesmo autor percebe a atuação de Paulo como pastor quando o apóstolo motivou os cristãos da igreja de Corinto a contribuírem financeiramente para os necessitados da Judeia.

> Considerando nossas constatações com relação a 1 Coríntios 7-10, é de especial interesse aqui a sensibilidade pastoral que Paulo demonstra ao estimular a total e pronta participação dos coríntios na coleta.[104]

Paulo estava preocupado com o bem-estar dos cristãos menos favorecidos da igreja de Jerusalém: por isso, tomou atitudes para ajudá-los. Ao pedir ofertas nas igrejas gentílicas, ensinou-as a ampliar sua visão sobre o Reino de Deus, bem como perceber a necessidade dos outros. O apóstolo agia como um pastor, pois expressava seu cuidado com os menos favorecidos.

Assim como os pastores de hoje, Paulo era muito atarefado; no entanto, encontrava tempo para estudar e se aprofundar, para que pudesse ensinar de maneira mais eficaz.

> Era o mais ocupado dos homens, porém continuava os seus hábitos de estudar, para vergonha de cada pastor moderno nas cidades (pois Paulo era pastor em algumas das maiores cidades do mundo) que negligencie os seus livros, mesmo para fazer o seu trabalho pastoral.[105]

---

103 Dunn, *A teologia do apóstolo Paulo*, p. 794.
104 Ibid, p. 799.
105 Robertson, *Épocas na vida de Paulo*, p. 13.

Ele sabia da importância do estudo para o pastor e deixou um exemplo para os pastores atuais.

O apóstolo Paulo também é reconhecido como um exímio teólogo. Lendo seus escritos na Bíblia, não é difícil perceber isso. Ele fazia Teologia de maneira muito profunda e clara. Escreveu sobre temas muito importantes para o cristianismo. Todavia, não era um teólogo teórico. Praticava o que escrevia, atuando em comunidades de cristãos.

> Paulo, o primeiro teólogo da igreja, e o que é respeitado há mais tempo, era um teólogo pastoral. Todo o pensamento de Paulo, tudo o que ele escreveu, todo seu ensino e pregação no serviço de Deus [ou seja: sua Teologia] foi aplicado no mesmo momento no serviço de uma comunidade de crentes [ou seja: foi pastoral].[106]

Não é difícil perceber que Paulo era "um teólogo que pensava e, ao mesmo tempo, um pastor que trabalhava"[107]. O fato de ser teólogo não exclui a possibilidade de ser pastor. Da mesma maneira, o fato de ser apóstolo não o impede de, simultaneamente, ser pastor. Sem dúvida alguma, Paulo era apóstolo, chamado e enviado para levar o Evangelho aos gentios. Ele mesmo insistia e demonstrava que o próprio Jesus o chamara para esta missão. Inúmeras vezes, o apóstolo atuava como pastor à medida que cumpria a missão que lhe fora dada pelo próprio Jesus.

Paulo também não atuava sozinho como pastor. Ele se cercava de colaboradores que o ajudavam nesta tarefa.

> Embora Paulo creia que seu relacionamento pastoral com suas igrejas é especial, nem por isso ele opera sozinho como pastor. Mais exatamente, Paulo constantemente se cerca de colegas que compartilham a tarefa pastoral.[108]

---

106 Peterson, "Paulo: terminando a carreira em Roma", in: *O pastor desnecessário*, p. 57.
107 Ibid, p. 58.
108 Beasley, Murray, George R. "Pastor, Paulo como", in: Gerald F. Hawthorne, Martin P. Ralph e Daniel G. Reid (org.). *Dicionário de Paulo e suas cartas*. 2ª ed. (São Paulo: Vida Nova, Paulus, Loyola, 2008): p. 916.

Alguns dos seus companheiros são enviados para missões pastorais importantes. Timóteo e Tito são exemplos deste procedimento. Ambos foram enviados a Corinto e tiveram que relatar a Paulo como andava a igreja naquela cidade.

2.3 Durante toda a sua vida como pastor, Paulo sofreu

Após a constatação de que Paulo era de fato um pastor, é interessante verificar que ele sofria atuando como tal. Estamos tomando-o como exemplo bíblico de pastor que sofre e, conforme já demonstrado no início deste capítulo, perceber isso não é uma tarefa muito complicada. Aliás, logo no início da vida cristã de Paulo, após o momento em que Jesus apareceu a ele na estrada de Damasco, o próprio Senhor disse a Ananias que Paulo não teria vida fácil: *... pois eu lhe mostrarei quanto lhe importa sofrer pelo meu nome* (At 9.16). O sofrimento de Paulo é anunciado logo no início da sua caminhada como cristão.

O homem que perseguia cristãos, que causava muito sofrimento e dor a eles, então experimentou o que significava sofrer por causa de Cristo. "'Levar o nome' desta forma não será coisa fácil; acarretará o sofrer por causa de Cristo – o contraste marcante com o causar sofrimento aos cristãos (At 9.13)".[109] Como cristão, Paulo experimentou a dor que ele próprio causava aos seguidores de Cristo antes da sua conversão. Em toda a sua vida como portador da mensagem de Cristo e como pastor, ele sofreu.

> Esse foi claramente o plano divino para Saulo. Em seu corpo ficaram as marcas permanentes dos sofrimentos – prisão, espancamentos, apedrejamentos, naufrágio, quase afogamento, emboscadas, roubos, insônia, fome, solidão, doença, desidratação, extrema hipotermia... e, além de tudo isso, as responsabilidades estressantes e inevitáveis da liderança da igreja.[110]

---

109 Howard I. Marshall. *I e II Tessalonicenses: introdução e comentário*. (São Paulo: Mundo Cristão, 1993): p. 166.

110 Swindoll, *Paulo, um homem de coragem e graça*, p. 56, 57.

O sofrimento é tema importante dos escritos paulinos. Inúmeras vezes ele tratou do assunto.

> Paulo fala mais de sessenta vezes de angústias e do sofrimento em si. Ao fazer isso, Paulo reveza o uso dos grupos de palavras para 'sofrimento' (*pathema, pascho*, etc.) e 'angústia' (*thlipsis, thlibo*) (conforme a alternância em 2Co 1.4-8 e Cl 1.24), juntamente com a categoria geral de 'fraqueza' (*astheneia*).[111]

Com certeza este tema era recorrente porque ele mesmo sofria dores e angústias.

Qualquer estudo sobre a vida de Paulo requer uma análise cuidadosa sobre seu sofrimento. Se fosse possível fazer um retrato dele, certamente seu sofrimento ficaria em evidência. Seria possível ver nitidamente as cicatrizes deixadas pelas dores enfrentadas, pois trazia em seu corpo as marcas que os muitos sofrimentos causaram. Falou disso na Carta aos Gálatas, na qual afirmou que as marcas em seu corpo mostravam que ele era um escravo de Jesus (Gl 6.17). Estes sinais deixados em seu corpo são consequências dos muitos sofrimentos vividos por causa de Cristo e do Evangelho. Percebemos que o sofrimento anunciado no momento em que se tornara seguidor de Jesus havia se cumprido em sua vida.

> Paulo enfrentou justamente isto: somos atribulados, perseguidos, oprimidos, abatidos. Este é um resumo da sua vida. Esse foi o seu destino".[112] Os sofrimentos que ele enfrentou eram graves e variados. "Ele conhecia em primeira mão, o que significava passar fome, ser incompreendido, maltratado, abandonado, esquecido, abusado, caluniado, vítima de naufrágio, atacado, preso e deixado como morto.[113]

Durante toda a sua vida, empenhando-se para ser o mensageiro do Evangelho aos gentios, Paulo sofreu.

---

111 Hafemann, Scott J., "Sofrimento", in: Hawthorne, Ralph e Reid, *Dicionário de Paulo e suas cartas*, 2ª ed., p. 1180.

112 Swindoll, *Paulo, um homem de coragem e graça*, p. 123.

113 Ibid.

Certa vez, no final da terceira viagem missionária, reuniu os presbíteros da igreja de Éfeso em Mileto. Nesta oportunidade, quando o pastor experiente aconselhou os pastores e líderes de uma igreja, também falou das dores que vinha enfrentando. Mencionou que trabalhou entre eles com lágrimas e que passara por tempos difíceis em Éfeso por conta dos judeus que se juntavam contra ele (At 20.19). Afirmou que, durante três anos, não parou de ensinar a igreja, mesmo que, muitas vezes o fizesse chorando (At 20.31). Também mencionou que, em obediência ao Espírito Santo iria a Jerusalém, mesmo sendo avisado pelo próprio Espírito Santo que mais sofrimentos e prisões o aguardavam naquela cidade.

Mesmo idoso, Paulo continuava enfrentando dores e angústias. No fim da sua vida, provavelmente por volta de 66 ou 67 d.C., enfrentando a última prisão terrena, escreveu suas derradeiras instruções ao amado e fiel Timóteo. "Curvado e cheio de cicatrizes, mas estranhamente satisfeito, Paulo está ali sentado, algemado e sozinho".[114] Pediu para que Timóteo viesse logo, pois se sentia só (2Tm 4.9-11). Em sua primeira audiência com as autoridades, estava sozinho, abandonado (2Tm 4.16). Solicitou que trouxesse a sua capa, indicando que estava passando frio em uma cela fria e úmida. Paulo tinha consciência de que o final da sua vida estava próximo (2 Tm 4.6).

Paulo recordou a Timóteo como foi sua vida. Lembrou-se dos seus sofrimentos e recordou que Deus sempre o livrara de todas as perseguições. Também alertou que todos os que querem ser seguidores de Jesus sofrerão perseguições, conforme registrado em 2 Timóteo 3.10-12:

> Tu, porém, tens seguido, de perto, o meu ensino, procedimento, propósito, fé, longanimidade, amor, perseverança, as minhas perseguições e os meus sofrimentos, quais me aconteceram em Antioquia, Icônio e Listra, – que variadas perseguições tenho suportado! De todas, entretanto, me livrou o Senhor. Ora, todos quantos querem viver piedosamente em Cristo Jesus serão perseguidos.

O sofrimento de Paulo era tão severo que, em Corinto, o próprio Senhor apareceu a ele em uma visão para encorajá-lo. O Senhor disse a ele que não

---

114 Ibid, p. 364.

deveria temer, mas continuar falando sem se calar, porque ele próprio estava com Paulo e ninguém lhe faria mal (At 18.9s). Deus o incentivou a permanecer e falar com confiança.

> Ele compreende a aflição no coração, até mesmo de alguém como Paulo, após uma série de experiências gravíssimas: Antioquia, Icônio, Listra, Filipos, Tessalônica, Bereia.[115]

O Senhor Jesus voltou a aparecer para encorajá-lo quando ele estava perante o Sinédrio, preso em Jerusalém (At 23.11), acusado de levar um gentio chamado Trófimo para dentro da área do templo.

A Bíblia não esconde o grande sofrimento enfrentado por Paulo. Seu exemplo deixa claro que pessoas dedicadas a Deus também sofrem. Estão sujeitas às mesmas intempéries da vida que qualquer ser humano comum. Paulo muitas vezes sofria por Jesus e estas dores são inevitáveis. O mesmo vale para pastores, que continuam sendo de carne e osso como eram os líderes do tempo bíblico.

2.3.1 Sofrimento causado pelos judeus

Sem dúvida, uma grande parcela do sofrimento enfrentado por Paulo foi ocasionada pela perseguição implacável sofrida por parte dos judeus. A primeira viagem missionária começou com uma passagem frutífera na ilha de Chipre. Foi em Antioquia da Pisídia que Paulo experimentou pela primeira vez a fúria dos judeus. Apesar de chamado para anunciar o Evangelho aos não judeus, normalmente Paulo iniciava seu trabalho pelas sinagogas. Quando ele e seus companheiros chegaram a Antioquia da Pisídia, no sábado, foram à sinagoga (At 13.14b). Essa prática era frequentemente utilizada e repetiu-se várias vezes quando a cidade visitada tinha uma sinagoga.

Com certeza, o apóstolo enxergava vantagens em utilizar este lugar para iniciar o contato com as pessoas. No entanto, muitas vezes, era lá que começavam a oposição e os consequentes sofrimentos causados pelos judeus. Na

---
115 Werner de Boor, *Atos dos apóstolos*. (Curitiba: Esperança, 2002): p. 263.

sinagoga, em Antioquia da Pisídia, os chefes da mesma deram a palavra a Paulo. Ele aproveitou o momento e trouxe uma mensagem muito clara, enfatizando que Jesus era o salvador prometido por Deus no Antigo Testamento (At 17.23). Por incrível que pareça, a palavra foi bem aceita, e Paulo, convidado a retornar no sábado seguinte.

O problema de Paulo começou no seu retorno, pois naquele dia quase toda a cidade veio para ouvir a Palavra de Deus (At 13.44). O que a princípio parecia excelente, foi o início de uma grave crise. A plateia havia aumentado – e muito – desde a última pregação na sinagoga. Com certeza, um resultado a ser comemorado por qualquer pregador. Porém, os judeus ficaram com muita inveja ao ver toda aquela multidão em sua sinagoga e começaram a insultar e contradizer o apóstolo (At 13.45). É provável que, naquele dia, houvesse mais gentios do que judeus presentes para ouvir a mensagem, e isso incomodou os responsáveis pelo lugar.

Apesar dos insultos, para a alegria dos não judeus, Paulo e Barnabé continuaram e falaram com mais coragem. Com isso, a Palavra de Deus se espalhou por toda a região. Mais uma vez, um resultado muito animador. O trabalho da dupla estava funcionando muito bem. Porém, em vez de ser elogiados e ter seus esforços reconhecidos, perceberam logo o descontentamento dos judeus e seus problemas aumentaram.

> Mas os judeus instigaram as mulheres piedosas de alta posição e os principais da cidade e levantaram perseguição contra Paulo e Barnabé, expulsando-os do seu território (At 13.50).

A crise havia chegado. Paulo e Barnabé sofreram oposição dos judeus. A mesma chegou a tal ponto que foram expulsos da cidade.

> Foi uma crise na campanha mundial... Evidentemente Paulo e Barnabé ficaram aí algum tempo e trabalharam entre os gentios. Mas o sucesso deles apenas fez ficar mais irados os principais entre os judeus. Paulo e Barnabé não lhes prestavam atenção. Os rabinos, todavia, descobriram uma maneira de alcançar os magistrados da cidade, não os oficiais da província. Conseguiram, por meio de algumas senhoras prosélitas, estabelecer contato com algumas

"mulheres devotas de alta posição" que persuadiram aos magistrados a expulsarem da sua cidade a Paulo e Barnabé como perturbadores da paz.[116]

Se não fosse trágico, pareceria uma grande ironia! Homens em missão de paz, trazendo mensagem de salvação para as pessoas, ouvidos por muitos: sendo expulsos sob a acusação de estarem perturbando a paz. O trabalho de Paulo não era fácil, muito ele sofreu por causa da oposição dos judeus à mensagem de Deus que ele pregava. Nesta localidade o sofrimento se "limitou" à expulsão da cidade. A oposição dos judeus repetiu-se ainda em várias outras oportunidades e com consequências semelhantes.

Em Icônio, para onde os missionários se dirigiram após a expulsão de Antioquia, aconteceu algo muito parecido. Novamente os pregadores utilizaram a sinagoga para transmitir seus ensinamentos. Também ali muitos judeus e não judeus creram. Parece que, nesta cidade, demorou um pouco mais para que se tornassem alvos dos judeus. Todavia, o final foi parecido: os judeus que não creram atiçaram os não judeus contra os cristãos. A ideia era maltratar e matá-los a pedradas (At 14.5). No entanto, Paulo e Barnabé souberam do plano e foram poupados do pior, conseguindo fugir antes que o atentado fosse colocado em prática.

Todavia, nem sempre o sofrimento se resumiu a uma expulsão e fuga. Em Listra, Paulo sofreu muito em decorrência da oposição dos judeus. A estada na cidade, já narrada no início do capítulo, começou com um milagre. Após os ânimos da população nativa terem sido acalmados com muita dificuldade, judeus de Antioquia e Icônio chegaram para atiçar a multidão contra o apóstolo.

> É provável que os zelosos visitantes tenham mencionado que o castigo judaico de apedrejamento havia sido autorizado pelos romanos para os judeus que tinham profanado o templo: Paulo e Barnabé tinham quase profanado o templo de Júpiter em frente à cidade de Listra. Então o alvoroço começou.[117]

---

116 Robertson, Épocas na vida de Paulo, p. 108, 109.
117 William J Petersen, *O discipulado de Timóteo*. (São Paulo: Vida, 1986): p. 29.

A reação contra Paulo foi muito violenta porque, com o apoio da multidão, apedrejaram-no, arrastando-o para fora da cidade, porque pensaram que ele havia morrido (At 14.19).

> No tumulto que se seguiu, Paulo em particular, foi atingido duramente; quando, anos mais tarde, ele disse aos seus amigos em Corinto: ... *uma vez*, [fui] *apedrejado...* (2Co 11.25), era essa ocasião que ele tinha em mente. Ele deve ter ficado inconsciente, pois aqueles que o apedrejaram *arrastaram-no para fora da cidade, dando-o por morto* (At 14.19)."[118]

Inúmeras vezes Paulo foi expulso da sinagoga e da cidade, sendo obrigado a fugir para outro local. No entanto, nesta ocasião o sofrimento foi muito forte: ele foi apedrejado, sofreu sérias agressões, que quase lhe custaram a vida. Com certeza este foi o momento mais tenso e dolorido ocasionado pela oposição dos judeus na primeira viagem de Paulo. No entanto, nas viagens seguintes, ele continuou sofrendo por causa da inveja e fúria dos judeus. Durante a segunda viagem ele foi obrigado a fugir de Tessalônica e Bereia.

Na terceira viagem missionária, ele também foi obrigado a se retirar da sinagoga em Éfeso. Falando aos presbíteros da igreja em Mileto, Paulo confirmou que passou momentos difíceis quando estava com eles. Estas dificuldades foram causadas por judeus que se juntavam contra ele (At 20.19). Percebemos que, apesar de ser comum na vida de Paulo, a perseguição dos judeus era visível e prejudicava seu trabalho. "A oposição, de qualquer modo, foi forte e verbal o suficiente para fazer Paulo se retirar da sinagoga."[119]

Apesar de ter sofrido muito por causa da rejeição agressiva dos judeus, Paulo também sofreu porque eles rejeitaram Jesus. O mais lógico, humanamente falando, seria ele não se preocupar com o destino espiritual deles. Já que não queriam aceitar a mensagem de salvação por meio de Jesus, nada poderia ser feito. No entanto, Paulo não pensou assim. Escreveu aos

---

118 Bruce, *Paulo, o apóstolo da graça. Sua vida, cartas e teologia*, p. 164.
119 Ibid, p. 282.

romanos, provavelmente de Corinto em 57 d.C., durante a terceira viagem missionária:

> ... tenho grande tristeza e incessante dor no coração; porque eu mesmo desejaria ser anátema, separado de Cristo, por amor de meus irmãos, meus compatriotas, segundo a carne (Rm 9.2s).

Paulo amava o povo judeu a ponto de sofrer por ele, devido a sua rejeição ao Evangelho.

> Poucas coisas lhe deram maior angústia de coração do que a recusa dos seus irmãos judaicos, seus compatriotas segundo a carne, de aceitarem Jesus como o Messias prometido (Rm 9.2s). Estava quase pronto a ser separado de Cristo, se isso os ganhasse.[120]

2.3.2 Sofrimento causado pelos gentios

Causar sofrimento a Paulo não foi exclusividade dos judeus. Os gentios também o fizeram. Na segunda viagem missionária, a perseguição dos gentios ficou evidente. A viagem se iniciou com um novo companheiro. Após a separação de Barnabé, por causa de uma diferença de opinião sobre João Marcos, Paulo começou a viagem com Silas.

Timóteo também se juntou ao time na passagem por Listra. Quando chegaram a Filipos, Lucas também estava com eles. Um detalhe interessante é que nesta cidade não havia sinagoga; portanto, os missionários iniciaram seu trabalho à beira do rio. Como de costume, o trabalho foi bem-sucedido: Lídia e sua casa logo se tornaram cristãs.

Todavia, a oposição não tardou a chegar. Tudo começou porque Paulo expulsou um espírito mau de uma moça que adivinhava o futuro (At 16.16). Esta atitude não agradou aos donos da moça, que ganhavam muito dinheiro com suas adivinhações. A primeira reação foi agarrar Paulo e Silas e levá-los até a praça pública, diante das autoridades romanas. Foram acusados

---
120 Robertson, Épocas na vida de Paulo, p. 17.

de provocar desordem na cidade e ensinar costumes que eram contra a lei romana (At 16.20s).

Paulo, muito perseguido pelos judeus, então foi acusado pelos gentios de ser judeu. O castigo não tardou a chegar. A roupa dos missionários foi tirada, eles foram surrados com varas e, em seguida, jogados na cadeia (At 16.22s). "O assalto parece ter sido violento, pois 'arrastaram' a Paulo e Silas perante as autoridades"[121]. Naquele momento, o sofrimento era físico.

> Num recinto escuro no interior do prédio seus pés foram presos num tronco de madeira, de sorte que precisaram aguentar imóveis, hora após hora, com as costas doloridas, nessa posição extremamente incômoda.[122]

Novamente Paulo, agora na companhia de Silas, sofria por causa de Cristo. A noite na cadeia foi emocionante. Enquanto Paulo e Silas cantavam, houve um terremoto e uma tentativa de suicídio do carcereiro, que logo depois se tornou cristão com toda a sua casa. Após serem libertos da cadeia e receberem um pedido de desculpas, os dois passaram na casa de Lídia antes de seguir viagem.

Tanto gentios quanto judeus provocaram sofrimento a amigos de Paulo. Em Éfeso, durante a terceira viagem missionária, Paulo novamente enfrentou a oposição dos gentios. Na mesma cidade, onde já havia sido obrigado a deixar a sinagoga, enfrentou então a fúria da multidão atiçada pelos ourives. Eles estavam contrariados com o apóstolo porque a venda das pequenas estátuas de prata da deusa Diana havia despencado por conta da sua pregação. Novamente, o sucesso do trabalho para Deus provocou a ira de pessoas que se sentiam prejudicadas.

Neste caso, o que chama a atenção é que a raiva do povo atingiu Gaio e Aristarco, companheiros de viagem de Paulo. Os dois foram agarrados e arrastados até o teatro pela multidão enfurecida.

---

121 Ibid, p. 136.
122 Boor, *Atos dos apóstolos*, p. 239.

Paulo não foi encontrado pela multidão. Contudo seus companheiros de viagem Gaio e Aristarco foram arrastados por ela. Com certeza não os trataram com excessiva delicadeza.[123]

Assim como atualmente, por vezes, a oposição aos pastores atinge esposas e filhos, no caso de Paulo, os que mais sofreram foram seus amigos.

Algo parecido já havia acontecido em Tessalônica, durante a segunda viagem missionária. Naquela oportunidade, os judeus é que iniciaram a confusão. Eles estavam ressentidos pelo fato de que homens e mulheres de reputação haviam abandonado seus cultos, e por isso, agitaram um grupo de desordeiros. Assim como em Éfeso, quem mais sofreu foi um aliado de Paulo; neste caso, seu hospedeiro chamado Jasão.

Arrastaram o pobre Jasão para o tribunal e acusaram-no, bem como os missionários ausentes, de subversão, sedição e desordem. As acusações contra Paulo, Silas, Timóteo e Jasão eram realmente sérias.[124]

A situação não ficou pior porque Jasão e os outros pagaram a fiança. Assim como em Éfeso, Paulo escapou da confusão em Tessalônica sem ter sofrido grandes danos e pôde seguir viagem.

2.3.3 Sofrimento causado pelos judaizantes

Está claro que atualmente os pastores vivem debaixo de grandes tensões e pressões. Não são poucos os que ficam deprimidos e doentes por causa das grandes exigências depositadas sobre seus ombros. Muitos ficam decepcionados e machucados quando são feridos por pessoas da própria igreja que pastoreiam. Por vezes, um trabalho árduo é destruído em pouco tempo. Um exemplo bastante comum ocorre quando pastores se dedicam às pessoas, ensinando-lhes a obedecer a Palavra de Deus. No entanto, muitas

---

123 Ibid, p. 285.
124 Petersen, *O discipulado de Timóteo*, p. 85.

vezes aparecem pessoas que confrontam os membros ainda frágeis em sua caminhada e os levam a caminhos errados.

Um determinado pastor trabalhou duro durante cinco anos para evangelizar e ensinar pessoas no caminho de Cristo. Ao final deste período, com um grupo de aproximadamente quinze pessoas comprometidas, passou a liderança a outro pastor, que fora muito bem indicado e participava da mesma denominação. A grande frustração veio após apenas seis meses.

O novo líder, provavelmente para ganhar a confiança da nova comunidade, criticou e alterou o trabalho do antecessor, mostrando que ele era melhor. O resultado não poderia ser mais trágico. Toda a congregação se desfez, todas as pessoas foram embora. Poucas procuraram outras igrejas. A grande maioria, muito machucada e decepcionada, se afastou completamente e hoje não frequenta igreja alguma. Esta situação gerou grande frustração e dor no pastor que tinha iniciado o trabalho e dedicado vários anos da sua vida a estas pessoas.

No entanto, engana-se quem pensa que isso é exclusividade dos pastores que vivem no mundo contemporâneo. Paulo também sofria grandes tensões e pressões. Já foi mencionado como judeus e gentios causaram grandes dificuldades ao avanço do Evangelho pregado por Paulo e seus ajudantes. Todavia, havia também oposição a Paulo que vinha de dentro do círculo cristão.

Estas pessoas eram denominadas judaizantes. Eram cristãos de origem judaica que pensavam que os cristãos deveriam seguir também os princípios do judaísmo.

> O termo 'judaizante' aplica-se tecnicamente àqueles cristãos judaicos que sentiam que os gentios não poderiam ser salvos sem se tornarem judeus. Os gentios deviam ser 'judaizados' tão bem como cristianizados. Em si o cristianismo não era adequado. Tinha que ser acrescentado o judaísmo.[125]

---

[125] Robertson, Épocas na vida de Paulo, p. 113, 114.

"Na literatura cristã, o termo judaizante em geral caracteriza os cristãos dedicados a práticas judaicas".[126] Provavelmente estavam preocupados e enciumados com o avanço do cristianismo entre os gentios. Previam que, em breve, os gentios seriam mais numerosos que os cristãos judaicos, se tornariam os líderes do cristianismo e o afastariam do judaísmo.

Durante toda a vida de Paulo os judaizantes causaram-lhe grandes dificuldades. Opunham-se aos ensinamentos do apóstolo, tentavam obrigar os novos convertidos a se adequarem ao judaísmo em várias igrejas fundadas por ele. Perseguiam Paulo: quando ele ia a outro lugar entravam em cena tentando ensinar o judaísmo aos novos cristãos. Quando Paulo e Barnabé retornaram da primeira viagem missionária, eles tinham provocado uma crise na igreja que os enviara: a igreja de Antioquia. *Alguns indivíduos que desceram da Judeia ensinavam aos irmãos: Se não vos circuncidardes segundo o costume de Moisés, não podeis ser salvos* (At 15.1).

Estes homens eram da igreja de Jerusalém, conforme confirmado mais adiante. Na carta, que registrou os resultados da reunião nesta cidade, foi mencionado que alguns de Jerusalém foram até Antioquia e disseram coisas que criaram dificuldades (At 15.24). A crise estava instalada na igreja da Síria. O momento era de grande tensão. Cristãos da igreja de Jerusalém afirmavam que não havia salvação sem circuncisão. O momento era delicado e a igreja de Antioquia poderia sofrer uma divisão. Paulo enfrentou um problema que é comum nos dias de hoje: muitas vezes o pastor corre o risco de ver a igreja dividida por ideias erradas implantadas, inclusive, por membros.

Era necessário tomar uma decisão, e ela certamente desagradaria algum grupo. Momentos assim são de grande angústia e sofrimentos para os líderes. No caso de Paulo, havia mais questões em jogo. Se os homens da Judeia tivessem razão, e a circuncisão realmente fosse uma exigência para todos os cristãos, o trabalho de evangelismo e implantação de igrejas, realizados durante a primeira viagem missionária, teriam sido em vão. Mais ainda, o futuro do cristianismo estava em jogo.

---

126 Campbell, William S., "Judaizantes", in: Hawthorne, Martin e Reid, *Dicionário de Paulo e suas cartas*, 2ª ed., p. 252.

Era solene este momento. Paulo enfrentava o maior problema da sua carreira. Se ele e Barnabé tivessem vacilado, um cristianismo judaizado poderia ter conquistado o mundo em vez da concepção paulina ou espiritual do reino.[127]

A Bíblia conta que Paulo e Barnabé não concordaram com a imposição da circuncisão e tiveram uma discussão muito forte com os judaizantes (At 15.2). Então, a solução foi enviá-los à igreja de Jerusalém, junto com outros irmãos para estudar o tema com os apóstolos e presbíteros. Isso foi feito e, após argumentações dos cristãos fariseus, de Pedro, de Barnabé e de Paulo, foi encontrada uma solução. Tiago sugeriu que fosse feita uma carta, não exigindo a circuncisão dos gentios. Deveriam abster-se de carnes sacrificadas aos ídolos, do sangue e carne de algum animal estrangulado e da imoralidade sexual (At 15.29).

Essa decisão favorável ao Evangelho da graça pregado por Paulo com certeza trouxe grande alívio e alegria para o apóstolo e para a igreja de Antioquia. No entanto, a suavização da tensão e pressão não foi permanente. Vários acontecimentos registrados nas sagradas escrituras provam que os judaizantes não deram descanso a Paulo. Ele vivia sob constante pressão.

Outro tema que causava tensão para o apóstolo era a comida. Alguns judaizantes pensavam que os cristãos gentios precisavam seguir as leis judaicas sobre o tema. Em Gálatas 2.11-14 ele narrou um episódio em que o próprio Pedro caiu em contradição. Ele tomava refeições juntamente com irmãos não judeus. Quando chegaram alguns homens de Jerusalém, mudou de ideia: "A principal objeção dos judeus a comer com os gentios era que ao fazê-lo, quase com certeza as leis judaicas sobre os alimentos seriam infringidas".[128] Até mesmo Barnabé seguiu o exemplo de Pedro. Com certeza os judaizantes obtiveram uma vitória com essa recaída. Imediatamente Paulo os repreendeu por sua hipocrisia e em favor da liberdade dos cristãos gentios.

---

127 Robertson, Épocas na vida de Paulo, p. 115.
128 Bruce, Paulo, o apóstolo da graça. Sua vida, cartas e teologia, p. 172.

Em uma reunião particular com os líderes da igreja em Jerusalém, narrada em Gálatas 2.1-10, foi sugerido que Paulo se lembrasse dos pobres das igrejas da Judeia (Gl 2.10). Ele levou esta sugestão muito a sério. Buscou por meio disso o fortalecimento da comunhão entre a igreja de Jerusalém e a missão gentílica. Várias vezes em seus escritos aparece sua preocupação com a coleta. Todavia, este trabalho também trazia tensões e preocupações a ele. Alguns membros da igreja de Jerusalém viam com muita desconfiança o trabalho de Paulo entre os gentios. Por outro lado, provavelmente os novos convertidos gentios não se sentiam confortáveis com a ideia de que deviam algo para Jerusalém. Parece que Paulo, através da coleta, buscava amenizar a tensão entre cristãos judeus e gentios.

> Quanto à suspeita que se tinha na igreja em Jerusalém em relação a Paulo e sua missão aos gentios, o que poderia ser melhor planejado para desarmá-la do que as evidências claras de que Deus abençoava esta missão, com que Paulo pensava em confrontar os crentes em Jerusalém – não apenas o presente monetário que provaria o interesse prático das igrejas gentias por Jerusalém, mas representantes dessas igrejas, em pessoa, escolhidos para levar suas contribuições?[129]

Esta era somente mais uma situação estressante que o apóstolo teve que administrar em sua vida. Como já mencionado, Paulo não tinha uma vida isenta de tensões; pelo contrário, assim como acontece com os atuais pastores, várias situações e pressões o desgastavam também. E pior, muitas vezes vindo de pessoas cristãs, membros da igreja.

2.3.4 Paulo foi zombado, desprezado e enfrentou o desânimo e a ansiedade

Charles H. Spurgeon, o conhecido pastor batista do século 19, nascido na Inglaterra em 19 de junho de 1834, considerado o príncipe dos pregadores, aquele que atraía milhares de pessoas para ouvi-lo pregar, também enfrentava severos sofrimentos. Mesmo considerado o mais popular pregador de

---

[129] Ibid, p. 313, 314.

seus dias, por vezes, era ridicularizado por causa de suas pregações. Os insultos partiam da mídia, da sociedade, de alguns membros e até mesmo de outros pastores da cidade.

Em abril de 1855, um jornal chamado *Essex Standard*, teceu comentários depreciativos sobre os sermões de Spurgeon:

> Seu estilo é o coloquial vulgar... Todos os mistérios mais solenes de nossa santa religião são por ele rude e impiedosamente manipulados. O senso comum está indignado e a decência revoltada. Suas falas são intercaladas com anedotas grosseiras.

O sofrimento que estas críticas causavam era imenso. Spurgeon, comentou sobre eles:

> Sobre os meus joelhos é que eu muitas vezes tenho caído, com o suor quente que brota de minha testa diante de algumas calúnias frescas que são derramadas sobre mim. Em muita agonia e dor, meu coração tem sido quase quebrado.[130]

Paulo, nosso exemplo de pastor bíblico, também foi zombado e desprezado.

Durante a segunda viagem missionária, após ser obrigado a sair de Tessalônica e Bereia, Paulo foi a Atenas. Como de costume, ele ia à sinagoga e ali conversava com os judeus e com os não judeus convertidos ao Judaísmo. Além disso, também falava com as pessoas na praça pública (At 17.17). A reação a estas conversas na praça pública não fora muito animadora: *E alguns dos filósofos epicureus e estoicos contendiam com ele, havendo quem perguntasse: Que quer dizer esse tagarela?* (At 17.18a). Mesmo assim, Paulo foi levado a uma reunião na Câmara Municipal e teve oportunidade de falar. Ele usou argumentos interessantes para falar sobre o único Deus verdadeiro e explicar o Evangelho.

No entanto, quando falava sobre a ressurreição, alguns zombaram dele, e outros o dispensaram, falando que em outra ocasião poderiam ouvi-lo novamente (At 17.32). Durante o discurso, Paulo foi interrompido. "Zombaria

---

130 Citado em Leandro B. Peixoto, "Spurgeon e a superação do sofrimento", (Campinas: www.ibcentral.org.br). Disponível em https://goo.gl/CxKkDT, p. 8. (Acesso em 16/10/2017.)

descarada e despedidas polidas foram as principais respostas à exposição que Paulo fez do conhecimento de Deus".[131] Uma experiência frustrante. Muito esforço, poucos resultados. O apóstolo foi zombado e desprezado. Sentimentos que muitas vezes atingem os pastores atuais. O resultado em Atenas não foi muito encorajador.

> Abruptamente terminara o sermão. Talvez Paulo tivesse mais a dizer a respeito de Jesus, mas não podia continuar. Alguns riram, outros cortesmente se despediram, uns poucos creram; abruptamente Paulo saiu do meio deles (17.33), provavelmente desapontado com este tratamento. Havia pregado um grande sermão, mas pouco foi conseguido por meio dele. Paulo provavelmente ficara um tanto humilhado, como muitos pregadores têm ficado desde aquele tempo.[132]

Engana-se quem pensa que Paulo sempre estava animado. Percebe-se que, em algumas ocasiões, ele era atingido pelo desânimo. Parece que os acontecimentos em Atenas causaram tristeza e desanimaram o apóstolo. "Paulo viajou de Atenas para Corinto muito abatido".[133] Motivos para este abatimento não faltavam. O tratamento recebido em Atenas, a mudança dos planos de viagem e a necessidade de fugir de cidade a cidade na Macedônia com certeza abalaram seu ânimo.

Em Atenas não foi vítima de violência, porém, parece que o desprezo com que foi tratado ajudou a aumentar sua tristeza. O fato é que a passagem pela capital grega não tinha sido muito encorajadora. Ele próprio confirmou que chegou fraco a Corinto, com muito medo e tremor (1Co 2.3).

Possivelmente a preocupação com Silas e Timóteo também contribuiu para aumentar sua ansiedade. "Experimentava momentos de depressão, mas continuou. Esperava ansiosamente a chegada de Silas e Timóteo, vindos de Tessalônica".[134] Em outra oportunidade, novamente Paulo mostrou ansiedade e apreensão esperando um companheiro. Foi em Trôade, durante

---

131 Bruce, *Paulo, o apóstolo da graça. Sua vida, cartas e teologia*, p. 238.
132 Robertson, *Épocas na vida de Paulo*, p. 145, 146.
133 Bruce, *Paulo, o apóstolo da graça. Sua vida, cartas e teologia*, p. 241.
134 Robertson, *Épocas na vida de Paulo*, p. 147.

a terceira viagem missionária, quando ele esperava por Tito. Ele estava preocupado com seu companheiro de trabalho e com a igreja de Corinto, que Tito estava visitando. Sua situação psicológica acabou afetando até mesmo seu desempenho, pois não tinha ânimo para evangelizar.

> Em sua viagem de volta para a província da Ásia, Paulo foi tomado de profunda depressão e, pelo que parece, também assaltado por graves perigos externos. O perigo diminuiu, mas a ansiedade permaneceu. Ele se dirigiu para a região de Trôade, no noroeste da província, esperando saudar Tito, que voltava de Corinto por mar. Enquanto esperava por ele, encontrou mais oportunidades animadoras para evangelizar, mas sua mente estava tão agitada que não conseguiu aproveitá-las apropriadamente.[135]

O próprio Paulo, escrevendo aos coríntios, confirmou que passava por preocupações em algumas ocasiões e que seu desânimo afetava seu trabalho.

> Ora, quando cheguei a Trôade para pregar o evangelho de Cristo, e uma porta se me abriu no Senhor, não tive, contudo, tranquilidade em meu espírito, porque não encontrei o meu irmão Tito; por isso, despedindo-me deles, parti para a Macedônia (2Co 2.12s).

Em outra passagem ele afirmou que não havia descanso, enfrentava muitos problemas. Havia lutas com os de fora e também medo em seu coração (2Co 7.5). Desânimo, ansiedade e depressão não são exclusividade dos pastores dos dias de hoje. Nos tempos bíblicos, já havia pastores sofrendo com isso. O exemplo de Paulo mostra isso. Os motivos podem diferir, no entanto, parece que esses sofrimentos fazem parte da jornada dos pastores.

2.3.5 Sofrimento causado por igrejas

Algumas vezes, temos a impressão de que a sociedade atual espera que a igreja seja perfeita, afinal de contas, é formada por pessoas transformadas por Jesus. Também imagina que o relacionamento entre congregação e

---
135 Bruce, *Paulo o apóstolo da graça. Sua vida, cartas e teologia*, p. 266.

pastor é sempre bom. Às vezes, procura na Bíblia argumentos para provar estes pensamentos. No entanto, é possível perceber pelas Sagradas Escrituras que nem sempre tudo vai bem entre a igreja e o pastor. Existem crises e tensões neste relacionamento. Não é incomum que um pastor sofra por situações assim.

Certa vez, falando a futuros pastores, Spurgeon desabafou:

> Um golpe esmagador às vezes deixa um pastor muito abatido. O irmão em que mais se confiava torna-se um traidor... Dez anos de trabalho não tiram tanto da vida como o que perdemos em poucas horas por causa de Aquitofel, o traidor, ou de Demas, o apóstata. As contendas, também, e as divisões, as calúnias e as críticas tolas, muitas vezes prostram santos homens e os fazem sentir como se tivessem uma espada nos ossos... As palavras duras ferem profundamente... Um coice que mal move um cavalo, mata um bom teólogo. Com os anos de experiência a alma se enrijece para os golpes duros e rudes que são inevitáveis em nosso combate; mas, no início, essas coisas nos abalam profundamente e nos mandam para casa envoltos no horror de grandes trevas. As provações de um verdadeiro ministro não são poucas, e as que são causadas por crentes professos ingratos são mais duras de aguentar do que os mais grosseiros ataques de inimigos e ímpios confessos. Oxalá nenhum homem que anda em busca de tranquilidade mental e de quietude de vida entre no ministério; se o fizer, fugirá dele desgostoso.[136]

Voltando a Paulo, um bom exemplo é sua crise de relacionamento com a igreja de Corinto. Esta situação trouxe desgaste e sofrimento a ele, que pastoreava as pessoas daquela igreja. Percebemos esta situação na segunda Carta de Paulo aos Coríntios.

> Da segunda carta depreendemos como as tensões entre apóstolo e igreja haviam se tornado intensas. Nessa situação os coríntios certamente não estavam dispostos a dar ouvidos às instruções de Paulo.[137]

---

[136] Charles H. Spurgeon, *Lições aos meus alunos*, vol. 2. (São Paulo: Ed. PES, 1982), p. 237, in: Peixoto, "Spurgeon e a superação do sofrimento", p. 4.

[137] Werner de Boor, *Carta aos Coríntios*, (Esperança, 2004), p. 293.

Parece que a crise entre Paulo e a igreja, não tão recente, era causada por pessoas que desafiavam a autoridade do apóstolo, e tinham a intenção de tirá-lo da igreja.

> A segunda carta aos Coríntios mostra com mais nitidez como a tensão entre apóstolo e igreja era grave já no período da primeira carta. Naquele tempo já havia homens em Corinto que eram adversários declarados de Paulo, negavam seu ministério apostólico, queriam pressioná-lo a sair completamente da igreja e já declaravam triunfalmente que ele nem sequer teria coragem de vir a Corinto (1Co 4.18).[138]

Havia uma rebelião contra o apóstolo-pastor na igreja. A situação era delicada e Paulo sofreu com ela. Já foi muito debatido quem são as pessoas que estavam contra Paulo e o que exatamente fizeram. Todavia, está muito claro que ele sofreu com esta situação conflitante. Percebemos isso quando ele fez referência a uma carta à igreja que não foi preservada. Ela é conhecida por alguns como "a epístola das lágrimas" e foi levada por Tito a Corinto, para tentar resolver o problema. Paulo fez referência à mesma, demonstrando como esta crise causava sofrimento a ele, pois afirmou que a escreveu chorando muito, em meio a grande aflição e angústia de coração (2Co 2.4).

Não há dúvidas de que a crise com a igreja de Corinto causava profunda dor e sofrimento a Paulo. Ele se preocupava com o futuro da igreja. Não queria que ali prevalecessem o pecado e a maldade. Temia que heresias e falsos apóstolos o afastassem da igreja e que todo seu trabalho tivesse sido em vão. Infelizmente, situações como estas são muito atuais. Muitos pastores de hoje sofrem pelos mesmos motivos.

Outras igrejas, além de Corinto, causaram sofrimento a Paulo. Lendo as cartas que enviava a elas não é difícil perceber que ele tinha constante preocupação com a saúde de todas as igrejas que havia fundado. Também mostrava grande zelo e cuidado com cristãos que não conhecia pessoalmente, como os romanos e os colossenses. As cartas foram escritas para corrigir desvios

---
138 Ibid.

de rota nas igrejas e é possível verificar como situações assim causavam desgaste e aflição ao pastor Paulo.

Um bom exemplo é a Carta aos Gálatas. Paulo havia pregado o Evangelho aos gálatas e eles haviam aceitado e se tornado cristãos. No entanto, com o passar do tempo, estavam sendo iludidos por pessoas que anunciavam outro evangelho (Gl 1.6). "Fica claro que os gálatas estavam sendo persuadidos a dar atenção a outros mestres e desprezar Paulo".[139] Esta situação preocupava e muito a Paulo.

> Entretanto, ele tinha de comunicar-se rapidamente com aquelas igrejas. Cada dia de demora, mais uma alma poderia ser iludida pelos judaizantes. Deste modo, no meio da confusão de ideias, de frustração, e de preocupação, Paulo se dispôs a escrever para as novas igrejas da Galácia.[140]

Paulo estava muito apreensivo com a situação na Galácia. "A deserção por parte dos Gálatas, entretanto, causou espanto a Paulo além da possibilidade de medir (4.9)".[141] Ele próprio confirmou que estava sofrendo por causa destas circunstâncias. Disse que sofria "dores de parto" por causa deles (4.19). Constantemente ele sofria por causa de problemas que aconteciam nas igrejas.

As igrejas da Galácia não foram as únicas que causaram aflições a Paulo. A igreja em Filipos também o fez. Os inimigos da cruz de Cristo que tentavam enganar os cristãos naquela cidade traziam sofrimento ao apóstolo-pastor: *Pois muitos andam entre nós, dos quais, repetidas vezes, eu vos dizia e, agora, vos digo, até chorando, que são inimigos da cruz de Cristo* (Fp 3.18).

Na mesma carta, Paulo mostrou como se preocupava com pessoas, neste caso, Epafrodito, que havia trazido a ajuda dos filipenses ao apóstolo quando este estava preso em Roma, doente e quase morrera. Mas Deus poupou Paulo de enfrentar uma tristeza ainda maior (Fl 2.27). "Paulo se entristece por causa dos infortúnios que aconteceram a Epafrodito depois de ele ter

---

139 Donald Guthrie, *Gálatas: introdução e comentário*. (São Paulo: Vida Nova, 1992): p. 21.
140 Petersen, *O discipulado de Timóteo*, p. 42, 43.
141 Robertson, *Épocas na vida de Paulo*, p. 181.

chegado em Roma".[142] O bem-estar de pessoas causava preocupação e sofrimentos a Paulo.

2.3.6 Dúvidas quanto à direção de Deus e ao espinho na carne

Paulo também passava por dúvidas e confusões a respeito do plano de Deus para seu trabalho. Antes de chegar a Filipos, na segunda viagem missionária, houve momentos de grande indecisão e frustrações. O plano dele era evangelizar a Ásia Menor, onde estavam as maiores cidades da época, entre elas Éfeso, Esmirna e Pérgamo. No entanto, foram impedidos pelo Espírito Santo de ir para lá (At 16.6). Em seguida, tentaram ir para a região central da Ásia Menor, porém, o "Espírito de Jesus" impediu também este plano (At 16.7).

> Enquanto Paulo, Silas e Timóteo se defrontavam com esta cadeia de acontecimentos frustradores e confusos, a sabedoria do plano de Deus não era tão evidente. Haviam andado aproximadamente 400 km, às vezes por terrenos montanhosos, nem sempre sabendo ao certo para onde iam, sendo que em alguns momentos cruciais foram proibidos de pregar o evangelho.[143]

Ir a Trôade significava percorrer uma grande distância. Foi lá que finalmente receberam, através de uma visão, a ordem para ir à Macedônia. Até aquele momento, tudo parecia sombrio e complicado. Quando chegaram a Filipos, não encontraram uma sinagoga e, provavelmente, experimentaram novas dúvidas. "Paulo tinha bons motivos para duvidar se o chamado da Macedônia havia realmente vindo do Senhor".[144] Não são somente os pastores atuais que sofrem com dúvidas e frustrações sobre o futuro do ministério, Paulo também passou por isso.

---

142 Ibid, p. 241.
143 Petersen, *O discipulado de Timóteo*, p. 65.
144 Ibid, p. 71.

Além destas incertezas, comuns até hoje entre os pastores, Paulo enfrentou um sofrimento bem menos habitual. Possivelmente um dos mais conhecidos e misteriosos sofrimentos de Paulo é o "espinho na carne". O próprio apóstolo relatou sobre a questão na segunda Carta aos Coríntios. Parece que o problema apareceu após uma experiência mística que ele passou por volta de 42 ou 43 d.C. e está descrita em 2Co 7.1-6.

A dificuldade teve início antes de começarem as viagens missionárias e sua atuação mais direta como apóstolo e pastor.

> E, para que não me ensoberbecesse com a grandeza das revelações, foi-me posto um espinho na carne, mensageiro de Satanás, para me esbofetear, a fim de que não me exalte (2Co 12.7).

Mesmo não havendo muitas informações sobre este mal, fica claro que é algo que lhe causava dor e sofrimento. Além de incomodar bastante, parece que a dificuldade durou muito tempo, possivelmente até o fim da sua vida. Paulo orou a Deus três vezes pedindo a remoção deste mal (2Co 12.8).

> A sequela da experiência mística de Paulo foi um mal físico incômodo e humilhante, que a princípio ele pensou que pudesse ser um empecilho à eficiência do seu ministério, mas que, na verdade, ao nocautear sua autoestima e mantê-lo em constante dependência da capacitação divina, acabou sendo uma ajuda e não um empecilho.[145]

2.3.7 Sofrimento causado por falsas acusações e calúnias

Apesar de possuir um ministério bastante produtivo, Charles H. Spurgeon sofria com falsas acusações e calúnias. Certa vez, foi duramente criticado por Joseph Parker, um pastor que não teve misericórdia de seu colega.

> O Sr. Spurgeon era totalmente destituído de benevolência intelectual. Se os homens vissem como ele via, eles eram ortodoxos; se eles vissem as coisas de outra forma eles eram heterodoxos, pestilentos e incapazes de elevar as

---

145 Bruce, *Paulo o apóstolo da graça. Sua vida, cartas e teologia*, p. 130.

mentes dos estudantes ou inquiridores. O Sr. Spurgeon era de um egoísmo superlativo, não era hesitante ou tímido, e nem de um egoísmo meio disfarçado que esconde a sua própria cabeça, mas do tipo elevado, com excesso sublime, que toma o assento principal como seu por direito. As únicas cores que o Sr. Spurgeon reconhecia eram o preto e o branco.[146]

Falsas acusações e calúnias têm um poder destruidor, causando enorme sofrimento. Paulo sabia muito bem o quão destrutivos poderiam ser.

Paulo enfrentou situações parecidas. Ao final da terceira viagem missionária, ele ansiava ir a Jerusalém. Um dos motivos era entregar as ofertas que tinha levantado para os necessitados naquela cidade. Ele gostaria de estar lá para a festa de Pentecostes. Foi alertado de que prisões e sofrimentos o esperavam em Jerusalém. O Espírito Santo já tinha lhe avisado sobre isso (At 20.23). Em Tiro, alguns cristãos informaram que foram avisados pelo Espírito Santo, e pediram que Paulo não fosse a Jerusalém (At 21.4). Em Cesareia, o profeta Ágabo amarrou seus próprios pés e mãos com o cinto de Paulo, afirmando que o Espírito Santo disse que o dono do cinto seria amarrado pelos judeus e entregue aos gentios (At 21.11).

Já em Jerusalém, quando estava na área do Templo, foi visto por alguns judeus da Ásia. Atiçaram a multidão, agarraram-no e levantaram a falsa acusação de ele ter levado não judeus para dentro da área do Templo (At 21.27s).

> Eles o tinham visto em Jerusalém com um efésio que reconheceram – Trófimo, um dos seus convertidos gentios. Agora, no fim de semana de purificação dos nazireus, eles encontraram Paulo nas dependências do templo com estes – presumivelmente no pátio de Israel – e levantaram um tumulto contra ele, acusando-o de violar a santidade do templo, levando gentios para dentro de lugares restritos a judeus.[147]

---

146 Peixoto, "Spurgeon e a superação do sofrimento", p. 8.
147 Ibid, p. 339.

Esta falsa acusação custou muito sofrimento e angústias para Paulo. A reação imediata foi o povo se ajuntar, vindo de todos os lados, agarrando-o e arrastando-o para fora do templo. Quando estavam prestes a matá-lo, foi salvo pelas tropas romanas. Ele foi preso e amarrado com duas correntes. O ataque fora muito violento, e foi somente o começo. O sofrimento ainda estava longe de terminar.

> O que aconteceu depois disso foi o que sempre acontecia quando Paulo estava por perto: tumulto no templo, dramático resgate pelos soldados romanos, trama de morte por 40 assassinos, escolta de 500 militares levando Paulo de noite para a sede romana em Cesareia. Realizavam-se as profecias referentes às aflições. A prisão e o sofrimento de Paulo eram inevitáveis.[148]

Ficou preso em Jerusalém, foi levado perante o Conselho Superior, onde quase o despedaçaram por causa de uma briga entre fariseus e saduceus. Fizeram um plano para matá-lo. Como foi descoberto a tempo, foi enviado a Cesareia. Lá ficou preso por dois anos durante o governo de Félix. A prisão continuou com Festo. Ele fez um apelo para ir a Roma. Na viagem, enfrentaram uma grande tempestade e o navio naufragou, quase levando todos a óbito.

Em Roma, apesar de poder receber amigos na prisão domiciliar, o sofrimento não aliviou muito.

> Mas era incômodo estar acorrentado a um soldado; e para Paulo, que ainda queria fazer tantas coisas e visitar tantos lugares, era um sofrimento ficar confinado numa casa".[149]

Uma falsa acusação rendeu a Paulo cinco anos de muito sofrimento. "Cinco anos hão de transcorrer, antes que Paulo seja posto em liberdade como consequência dessa mentira maliciosa".[150] Não restam dúvidas de que o preço pago em decorrência de uma calúnia foi muito elevado. "Gastara cinco

---

148 Petersen, *O discipulado de Timóteo*, p. 129.
149 Ibid, p. 134.
150 Robertson, *Épocas na vida de Paulo*, p. 200.

anos para acalmar aquela tempestade que se levantara naquele dia no templo em Jerusalém".[151]

2.3.8 Abandonado e só no final da sua vida

Com certeza, a solidão é um sofrimento que os pastores enfrentam com muita frequência atualmente. Muitos gostariam de ter alguém que pudesse ouvi-los e apoiá-los. Paulo também enfrentou este problema. No final da sua vida, provavelmente no momento em que mais precisava, foi abandonado pelos amigos, estava só. O apóstolo – que durante toda a sua vida tanto investiu na vida dos outros – não tinha com quem desabafar e enfrentou sozinho o duro caminho ao martírio. Provavelmente, após os cinco anos de prisão em Jerusalém, Cesareia e Roma, foi liberto da prisão domiciliar na capital romana. Todavia, por volta do ano 67 d.C., estava preso novamente. As condições haviam mudado, a prisão não era domiciliar e os amigos não tinham livre acesso a ele.

> No seu aprisionamento anterior seus amigos eram muitos, e vinham e saíam "sem impedimento". Entre os crentes, contava-se como honra figurar na lista de amigos de Paulo. Agora, porém, teria de considerar-se sujeito a perder a vida quem se identificasse com o apóstolo aos gentios. Paulo não podia ser libertado, mas apenas consolado, e isto a grande custo.[152]

Na segunda Carta de Paulo a Timóteo, o próprio apóstolo afirmou que estava só. Afirmou que todos os irmãos da Ásia o haviam abandonado (2Tm 1.15). Um pouco adiante, pediu que Timóteo viesse logo visitá-lo, pois Demas e Crescente também o haviam abandonado; somente Lucas estava com ele (2Tm 4.9-11). No versículo 16 do mesmo capítulo, reforçou que estava sozinho e que esta condição era desconfortável: *Na minha primeira defesa, ninguém foi a meu favor; antes, todos me abandonaram. Que isto não lhes seja posto em conta!* (2Tm 4.16).

---

151 Ibid, p. 254, 255.
152 Ibid, p. 267.

Além da solidão, o idoso apóstolo enfrentou outros sofrimentos. Estava preocupado com o frio. Por isso, solicitou que Timóteo trouxesse sua capa que estava em Trôade. Também sentiu falta dos livros que, com certeza, seriam bons companheiros e ajudariam a enfrentar a solidão (2Tm 4.13).

> O inverno aproximava-se e ele queria que Timóteo chegasse antes que esfriasse demais [...] um agasalho quente de Trôade, pois o calabouço ficaria ainda mais úmido e frio; livros e pergaminhos.[153]

O sofrimento acompanhou de perto o apóstolo Paulo. Em todas as fases da vida foi assim. Na última etapa não foi diferente: lá estava ele, idoso, preso e sofrendo.

2.3.9 Paulo listou e resumiu seus sofrimentos

Em 2Co 11.23-33, quando fez a defesa de seu apostolado, procurando deixar evidente que havia falsos apóstolos atuando na igreja de Corinto, Paulo fez um resumo dos sofrimentos que vinha enfrentando. Alguns destes já foram apresentados em itens anteriores; porém, alguns foram acrescentados; outros, ampliados e detalhados. Nos versículos 23 a 25, o apóstolo relatou algo sobre as prisões e agressões que sofreu.

Estas situações o tinham deixado próximo da morte, que não era incomum em agressões deste tipo. Os judeus o chicotearam em cinco ocasiões.

> Ordinariamente o castigo de açoites, entre os judeus, consistia de treze golpes dados sobre o peito, treze sobre o ombro direito e treze sobre o ombro esquerdo. O próprio açoite era feito de duas tiras de couro de vaca ou de burro, que passavam por uma perfuração em um cabo. Algumas vezes eram acrescentados pequenos pesos de madeira ou de metal.[154]

---

153 Petersen, *O discipulado de Timóteo*, p. 177.
154 R. N. Champlin. *O novo testamento interpretado versículo por versículo*, volume 4 (São Paulo: Hagnos, 2006): p. 405.

Três vezes ele apanhou dos romanos e uma vez foi apedrejado. Legalmente, Paulo, como romano, não poderia ser flagelado em território romano; porém parece que isso nem sempre foi observado. O espancamento romano era feito por meio de "um feixe de varas e em seu centro um machado".[155] Era um castigo severo e alguns morriam em consequência disso. Ele também tinha enfrentado um apedrejamento em Listra, que o deixou como morto.

> Quantas cicatrizes de punições judaicas e romanas havia nas costas de Paulo! Como é duro para uma pessoa honesta suportar as dores e a infâmia dos açoites.[156]

Os perigos das viagens também causaram angústias a Paulo. Quando escreveu 2 Coríntios, ainda não havia passado pelo naufrágio da viagem a Roma. Mesmo assim, já havia naufragado outras três vezes. "Ficar à deriva no mar uma noite e um dia deve ter feito o apóstolo ver-se face a face com a morte, como quando fora apedrejado em Listra".[157]

É preciso lembrar que, na época, as viagens não eram feitas em confortáveis carros, trens, aviões ou ônibus. Eram feitas a pé e Paulo estava sujeito a perigos naturais, assaltos e perseguições de falsos irmãos. Ele percorreu milhares de quilômetros sob estas condições, não fez somente as três conhecidas viagens missionárias.

Paulo também sofria com as necessidades mais básicas de um ser humano: cansaço, fome, sede, falta de casa e roupas (2Co 11.27). Provavelmente ele aproveitava as noites e madrugadas para ensinar o povo; por isso sentia tanto cansaço. Mesmo sendo fazedor de tendas e, às vezes, recebendo ofertas da Macedônia, parece que isso nem sempre era suficiente. Paulo ressaltou que sofria pelas igrejas e pessoas (2Co 11.28s).

> Porém, além de todas as fadigas e sofrimentos físicos, precisamos tentar conceber os seus dias e noites de forma bem diferente, vendo-o preocupado com tantas igrejas, recebendo notícias delas que lhe causam dor e apreensão, tentando

---

155 Boor, *Carta aos Coríntios*, p. 461.
156 Ibid.
157 Colin Kruse. *II Coríntios introdução e comentário*. (São Paulo: Vida Nova, 1994): p. 209.

solucionar os seus problemas, acima de tudo orando sem cessar por elas, trazendo assim uma multidão de pessoas perante o Senhor, uma por uma.[158]

Nesta passagem mais uma vez fica claro que Paulo era pastor[159], e sofria por conta do seu trabalho.

As cartas aos Coríntios proveem abundantes exemplos de situações criadoras de ansiedade que exerceram forte pressão sobre o coração pastoral de Paulo.[160]

Ele mesmo confirmou isso: *Quem enfraquece, que também eu não enfraqueça? Quem se escandaliza, que eu não me inflame?* (2Co 11.29).

Após o levantamento de vários sofrimentos enfrentados por Paulo em sua caminhada como apóstolo-pastor, no próximo capítulo, verificaremos como ele enfrentava essas dificuldades. Ele nunca deixou de sofrer, mas sempre continuava a caminhada, procurando cumprir o que Deus queria dele. Ele sofria por Cristo e isso o motivava a permanecer fiel ao seu chamado.

---

158   Boor, *Carta aos coríntios*, p. 462.
159   Conforme já demonstrado em 2.2.
160   Kruse, *II Coríntios introdução e comentário*, p. 210.

3

Como Paulo enfrentou o sofrimento

Paulo não se intimidou com os grandes sofrimentos. Apesar de todas as dores e angústias que encarou, não se calou, continuou trabalhando muito para expandir o Reino de Deus. Seu trabalho teve grandes resultados, provavelmente diretamente proporcionais às dificuldades enfrentadas. Para alguns, tamanho sofrimento seria motivo para interromper o trabalho.

Pesquisas mostram que ser pastor é uma ocupação que traz muito desgaste. Aliás, o pastorado está entre as dez atividades que mais expõe ao estresse no dia a dia. Estudos apontam que a saúde emocional de pastores após anos de ministério pode sofrer graves danos. A pesquisa apresentada em 2013 pelo Clergy Health Initiative aponta também que 8,7% dos pastores sofrem com depressão e 11,1% são atingidos pela ansiedade. A média das demais profissões é de 5,5%.

É provável que estes números ajudem a explicar a situação atual, na qual, infelizmente, há muitos pastores que desistem de sua missão. Ficam exaustos com a magnitude das exigências e dos sofrimentos enfrentados e acabam optando por outra atividade. Outros acabam buscando saídas mais radicais e assustadoras como o suicídio.[161] A constatação é que o sofrimento tem feito muitas vítimas entre pastores.

No entanto, é possível ser diferente. Muitos pastores, apesar de todo o sofrimento e angústia, seguem em frente. Não obstante a toda angústia enfrentada, Spurgeon continuou por trinta e sete anos seu ministério na Igreja Batista na rua do Novo Parque. Tinha uma esposa doente, que raramente ouviu o marido pregar nos vinte e sete anos em que esteve debilitada. Ele mesmo enfrentou graves enfermidades: sofria de gota, reumatismo, inflamação dos rins e depressão que o perseguiu durante praticamente toda a vida. Foi desapontado por membros e ridicularizado pela imprensa e outros pastores. Em 19 de outubro de 1856 ele pregava em um salão para dez mil pessoas, que estava superlotado. Durante o culto a construção pegou fogo e, no tumulto que se seguiu, sete pessoas morreram e dezenas ficaram feridas. Este episódio o consumiu, trazendo grandes sequelas. Amigos íntimos afirmam que este acontecimento acelerou sua morte, tamanha dor que lhe causou. Apesar de todo o sofrimento, Spurgeon é um exemplo de pastor perseverante. Ele seguiu em frente, não deixando que suas angústias o paralisassem. Suas palavras comprovam a determinação de nunca parar:

> Vivam o dia presente – sim, a hora. Não ponham confiança em disposições de espírito e em sentimentos. Atentem mais para um grão de fé do que para uma tonelada de agitação emocional. Confiem em Deus somente e não se inclinem a ceder às necessidades de ajuda humana. Não se surpreendam quando os amigos falharem com você, este é um mundo falho. Jamais contem com a imutabilidade dos homens; com a inconstância vocês podem contar, sem temer decepções... não se espantem quando os seus adeptos se apartarem de você indo atrás doutros mestres... contentem-se em nada ser, pois é o que são... Deem pouco valor às recompensas atuais; sejam agradecidos pelos

---

161 Aragão, "Três pastores se suicidaram nos últimos 30 dias", p. 1.

pequenos prêmios recebidos durante o percurso, porém busquem a recompensadora alegria vindoura. Continuem servindo ao Senhor com redobrado fervor quando não se lhes apresentar nenhum resultado visível. Qualquer simplório pode seguir pelo caminho estreito na luz; a rara sabedoria da fé nos capacita a prosseguir no escuro com precisão infalível, visto que ela põe a mão na do Grande Guia... Em nada saiamos do caminho que a vocação divina induziu-nos a seguir. Bom ou ruim, o púlpito é a nossa torre de vigia, e o ministério é a nossa guerra; compete-nos, quando não pudermos ver o rosto de Deus, confiar à sombra das suas asas.[162]

Paulo, nosso exemplo bíblico de pastor, também nunca abandonou o chamado de Deus. Ele continuava trabalhando com grande intensidade, mesmo quando angústias e tribulações o atormentavam. Como ele conseguia isso? Como ele entendia o sofrimento? Respondendo a estas perguntas provavelmente encontraremos dicas para os pastores atuais. Paulo, o pastor que muito sofreu e apesar disso obteve grandes resultados, tem muito a ensinar aos pastores de hoje em dia.

Neste momento, a proposta é buscar lições sobre o sofrimento da vida de Paulo que possam auxiliar os pastores de hoje a vencer suas angústias e a continuar em suas caminhadas. Pastores podem encontrar esperança e alívio, ao observar como Paulo enfrentou e superou os obstáculos em sua vida.

3.1 Para Paulo, o sofrimento era a consequência da fidelidade ao seu chamado

Parece que Paulo não se perturbava com sua realidade de sofrimentos. Para ele, isso era inevitável. Ele sabia que teria que sofrer pelo nome de Cristo. Não é difícil perceber que o chamado dele estava intimamente ligado ao sofrimento. No momento em que ele teve a experiência de conversão no caminho de Damasco, o próprio Deus revelou a Ananias[163], que Paulo era seu

---

162 Spurgeon, *Lições aos meus alunos*, p. 250, in: Peixoto. "Spurgeon e a superação do sofrimento", p. 5.
163 Ananias recebeu do Senhor a missão para ir até Saulo e impor as mãos sobre ele, para que voltasse a enxergar e fosse cheio do Espírito Santo (cf. At 9.10s,17).

escolhido para levar seu nome perante os gentios, os reis e para todo o povo de Israel (At 9.15).

Mais do que isso, Deus complementou, afirmando: ... *pois eu lhe mostrarei quanto lhe importa sofrer pelo meu nome* (At 9.16). No início do seu ministério, Deus já deixou claro que a caminhada de Paulo não seria fácil, sem angústias e dores. Ele sofreria pelo nome de Jesus.

> Paulo entendia que, como parte essencial de seu chamado para ser apóstolo, o próprio Deus o conduzia continuamente a situações de sofrimento, como alguém sentenciado à morte na arena romana ou conduzido à morte na procissão triunfal romana.[164]

Para ele o chamado ao ministério estava muito ligado ao sofrimento. Não era possível dissociar um do outro. Havia um vínculo muito forte entre a prática ministerial e o sofrimento resultante dela. Parece que ele lidava muito bem com esta situação. Não questionava porque era assim. Simplesmente continuava seu trabalho independentemente dos sofrimentos que o mesmo lhe causava.

O sofrimento não destruiu nem acabou com o ministério dele; ao contrário, parece que o consolidou. As aflições que enfrentava ajudavam a torná-lo mais forte e eficiente em sua missão.

> O "sofrer pelo nome de Jesus" aqui prenunciado não é uma circunstância ocasional derivada da atuação que, afinal, terá de ocorrer. Pelo contrário, o sofrimento é parte necessária da atuação e como tal constitui uma parcela essencial dessa atuação. O sofrimento não tolhe nem debilita o "instrumento escolhido", mas na verdade o produz.[165]

Paulo, quando ainda não era convertido ao cristianismo, presenciou a perseguição de vários cristãos e ele próprio foi o autor de várias perseguições aos seguidores de Jesus. Ele viu pessoas sofrendo e sendo encarceradas por causa da sua fé em Cristo. Provavelmente estas experiências auxiliaram-no a entender

---

164 Haffemann, Scott J., "Sofrimento", in: Hawthorne, Martin e Reid, *Dicionário de Paulo e suas cartas*, 2ª ed., p. 1180.

165 Boor, *Atos dos apóstolos*, p. 144.

que ele também enfrentaria angústias e dores por causa do nome de Cristo.

Diante de um testemunho tão radical, o convertido Paulo não poderia negar este compromisso e nem deixar de reproduzi-lo em sua vida. Para Paulo o compromisso radical com Cristo e a missão estão acima das próprias agruras enfrentadas nos caminhos da fé.[166]

Paulo certamente valorizava o compromisso com sua missão. Deus o chamou, e ele queria cumprir fielmente a missão confiada a ele por seu Senhor. Sabia, porém, que seu compromisso poderia gerar aflições e sofrimentos. No entanto, isso não o abalava a ponto de abrir mão do compromisso que tinha com Deus, mesmo que isso custasse sua vida. Para ele, seu ministério era mais importante do que sua própria vida (At 20.24). Ele tinha consciência de que, como fiel testemunha de Cristo, estava sujeito às dores que envolviam este trabalho. "Como o evangelho é o evangelho do crucificado, o ministério do evangelho envolve viver uma 'theologia crucis' e não uma 'theologia gloriae'".[167]

Além de passar por sofrimentos no cumprimento de sua missão, Paulo entendia que o fato de ser um cristão já era o suficiente para que estivesse sujeito a aflições. Percebemos isso em algumas passagens, quando encoraja os convertidos a permanecerem em Cristo, apesar das angústias enfrentadas. Certa vez, passando por Listra, Icônio e Antioquia, iam

> *fortalecendo a alma dos discípulos, exortando-os a permanecer firmes na fé; e mostrando que, através de muitas tribulações, nos importa entrar no reino de Deus* (At 14.22).

Ele sabia que, como cristãos, as pessoas convertidas por meio do seu trabalho estavam sujeitas a angústias, ao contrário de outros que entendem que a conversão é o início de uma vida repleta de alegria e sem dores. Por experiência própria, ele sabia o que significava seguir Jesus e, por isso, alertava

---

166 Paulo Roberto Garcia, "O sofrimento e a missão: reflexões a partir de 2 Coríntios 10-13", trabalho acadêmico, in: *Revista Caminhando* v. 15, nº 1, jan/jun/2010 (Revista da Faculdade de Teologia da Igreja Metodista). (São Bernardo do Campo, 2010): p. 35. Disponível em https://goo.gl/aHtU9F (Acesso em 17/10/2017).

167 Dunn, *A teologia do apóstolo Paulo*, p. 654.

os novos convertidos.

> A mais decidida e clara conversão não deixa de ser apenas um começo! É um equívoco perigoso pensar que agora tudo continua 'automaticamente'. Justamente nessa situação acontecem as lutas, as provações, as perguntas. Uma vida cristã não é um passeio edificante sobre caminhos de rosas, mas uma perigosa jornada por terra hostil![168]

A caminhada com Cristo não é fácil, e os novos cristãos logo notariam isso. Paulo, sabendo disso animava-os a continuarem. Ele não se abalava com os sofrimentos e lutava para que eles também não abandonassem este caminho. Quando escreveu a outro grupo de discípulos, os tessalonicenses, foi ainda mais longe, afirmando que os cristãos foram designados para o sofrimento (1Ts 3.3). A igreja em Tessalônica era jovem e precisava ser ensinada. Para Paulo, o sofrimento por Cristo não é nada extraordinário, faz parte da decisão de seguir Jesus. Aliás, o próprio Jesus havia alertado que seus discípulos estariam sujeitos a angústias e aflições.

> A crença de que o caminho cristão inevitavelmente envolve o sofrimento e a perseguição era ensino comum no NT, tanto da parte de Jesus, quanto da parte dos apóstolos. Era vista como parte do mal que sempre aumentava no mundo e que antecederia a parusia[169] e o desfecho da história.[170]

Era nisso que Paulo cria, era isso que ele experimentava em sua vida e era essa experiência que ele tinha certeza que os cristãos enfrentariam. *Ora, todos quantos querem viver piedosamente em Cristo Jesus serão perseguidos* (2Tm 3.12). No final da sua vida, preso e abandonado, Paulo, recordando sua caminhada, mais uma vez constatou esta verdade.

Relembrando alguns sofrimentos que havia sofrido durante seu trabalho, Paulo advertiu que seu discípulo Timóteo precisava contar com perseguições e sofrimentos. Novamente o alerta estava fundamentado em experiências próprias. Ele falava do que tinha vivido. Um cristão comprometido com

---

168 Boor, *Atos dos apóstolos*, p. 209.
169 Volta gloriosa de Jesus Cristo, no final dos tempos, para estar presente ao Juízo Final. (N. de Revisão)
170 Marshall, *I e II Tessalonicenses: introdução e comentário*, p. 117.

Cristo certamente sofrerá. Ele como pastor de igrejas podia comprovar ainda mais este fato. Sofria como cristão e como o escolhido por Deus para evangelizar e pastorear pessoas.

Atualmente o sofrimento não está na moda. Em vez disso, buscamos maneiras de evitá-lo. Muitos se convertem a Jesus tentando evitar dores e angústias. Jesus é visto por muitos como aquele que evita o sofrimento ou por meio do qual o mesmo rapidamente é superado. Paulo não pensava assim. Para ele, as aflições eram companheiras de caminhada de todos os seriamente comprometidos com Deus, pensava não ser possível que um cristão estivesse livre do sofrimento. Se nem membros de igreja estão livres de dores, imagine os pastores. Estes, com certeza, sofrerão pelo nome de Cristo: esta é uma das lições que o exemplo de Paulo ensina.

Este ensinamento é de difícil compreensão; pois atualmente,

> os diversos ministérios da Igreja Cristã, de modo geral e, mais especificamente, o ministério pastoral, muitas vezes são abordados a partir dos relatos das ações de sucesso e de vitória se esquecendo de tratar dos desafios, impasses e sofrimentos que, igualmente marcam a caminhada de fé.[171]

Se, assim como Paulo, os pastores atuais entendessem que o sofrimento não é um sintoma da sua fraqueza, mas uma consequência inevitável de seu compromisso e fidelidade ao seu chamado, muitos poderiam ser ajudados. Com certeza seriam menos frustrados e carregariam muito menos culpa sempre que necessitassem enfrentar angústias e dores decorrentes do ministério pastoral. A postura de Paulo ensina que é impossível evitar as dificuldades resultantes do ministério. O segredo é estar consciente de que elas virão e, apesar disso, continuar caminhando, sempre apoiado e sustentado por Deus.

---

171 Garcia, "O sofrimento e a missão", p. 30.

3.2 Para Paulo, seu sofrimento prova que ele é um verdadeiro apóstolo

Para Paulo, o fato de passar por angústias e dores era uma prova da legitimidade de seu apostolado. Provavelmente, nos dias de hoje, este é um pensamento de difícil compreensão. Em geral, busca-se a supressão total ou minimização do sofrimento. Se o mesmo persiste é um sinal de fracasso, e não de sucesso. Muitos pastores têm abandonado seus ministérios por causa do grande sofrimento, desistindo deles quando não suportam mais. Parece que o sofrimento é um indicativo de problemas e geralmente é entendido como algo negativo. Sempre que não se consegue livrar do mesmo é preciso tomar atitudes diferentes, buscar novos caminhos que tragam menos dores. Paulo pensava diferente. Para ele o sofrimento não era sinal de derrota, mas de sucesso. O fato de sofrer provava que ele era um verdadeiro apóstolo-pastor de Cristo.

Este pensamento ficou claro quando sua autoridade foi desafiada na igreja de Corinto. Em determinada ocasião, seu apostolado foi muito questionado naquele local. Os coríntios eram tolerantes com os que Paulo chamava de "falsos apóstolos", que colocavam em dúvida sua autoridade apostólica. Os falsos apóstolos afirmavam que Paulo não era um verdadeiro apóstolo. Eles o acusavam de ser ousado quando estava longe e humilde quando estava presente (2Co 10.1). Também o acusavam de viver segundo padrões humanos (v.2) e ser um fracasso quando falava (v.10).

Obviamente os "superapóstolos" se achavam muito superiores a Paulo, dizendo que ele não era um orador eloquente (11.5s). Igualmente o acusaram de não ter ascendência judaica legítima (v.22) e de ter um apostolado sem visões e revelações (12.1). Para completar, ainda o culpavam de não amar seus convertidos, porque não aceitava seu apoio financeiro (11.7-11). Muitos eram os argumentos dos falsos apóstolos para provar que eles eram melhores que Paulo. Segundo o raciocínio deles, a igreja em Corinto estava em grande desvantagem, pois fora edificada por um apóstolo insignificante.

Para consertar isso, "seria necessário que viesse um dos apóstolos em Jerusalém e regularizasse tudo com plena autoridade, conduzindo a igreja assim para a concórdia e paz".[172]

A situação vivida por ele não é incomum hoje em dia, quando pastores se acham superiores a outros, causando, com isso, muita tensão e angústia. Apesar de entender a autodefesa como uma insensatez, Paulo rebateu as acusações que sofreu. Afirmou que tinha conhecimento (11.6) e autoridade (13.2s). Também tinha visões e revelações de Deus (12.1-5), produziu sinais e maravilhas (idem), Cristo falava por seu intermédio (13.2s) e também era israelita, descendente de Abraão (11.22). Em tudo isso, igualava-se aos atributos dos que se entendiam superapóstolos.

Todavia, em dois detalhes considerava-se superior:

> *São ministros de Cristo? (Falo como fora de mim.) Eu ainda mais: em trabalhos, muito mais; muito mais em prisões; em açoites, sem medida; em perigos de morte, mais vezes* (2Co 11. 23).

Naquele momento tinha que falar como um louco, porque seu ministério apostólico estava em jogo. E para diferenciar bem seu ministério em comparação com os falsos apóstolos, deixou claro que ele trabalhou e sofreu muito mais do que eles.

Isso mesmo,

> em vez de questionar a legitimidade de seu apostolado por causa do sofrimento, Paulo achava que sofrer era marca característica de seu ministério apostólico.[173]

Para ele, o fato de sofrer era uma comprovação que seu apostolado era legítimo. "... a verdadeira marca do ministério apostólico é a experiência compartilhada dos sofrimentos de Cristo, da força divina na fraqueza humana".[174] Paulo se gloria de maneira completamente incomum:

---

172 Boor, *Carta aos coríntios*, p. 459.
173 Haffemann, Scott J., "Sofrimento", in: Hawthorne, Martin e Reid, *Dicionário de Paulo e suas cartas*, 2ª ed., p. 1180.
174 Dunn, *A teologia do apóstolo Paulo*, p. 654.

O "gloriar" de Paulo torna-se completamente diferente, um gloriar estranho. Torna-se um gloriar em sofrimentos, fardos e privações, não em realizações, vitórias e sucessos. Pode "apresentar-se com ousadia" no que se refere a seus sofrimentos. Nesse ponto ele tem certeza que nenhum dos grandes apóstolos acumulou tantos sofrimentos como ele.[175]

Nos dias de hoje, quando, aparentemente, o sucesso tem pouca relação com o sofrimento, o raciocínio de Paulo é de difícil compreensão. Quando há sofrimento envolvido, o mais lógico é admitir que há dificuldades e não sucesso no caminho seguido. No entanto, Paulo destacava suas aflições, que, para ele, eram o selo que legitimava seu apostolado. Ele, ao contrário da atual corrente dominante, demonstrou que o sofrimento faz parte do ser apóstolo de Cristo. Sendo assim, o importante é o sucesso de Jesus Cristo, mesmo que, para isso, o apóstolo tenha que sofrer. É isso que Paulo tentou explicar, ao formular a pedagogia do sofrimento do justo.

> Seu desejo é o de que seus oponentes mudem a perspectiva e repensem os critérios do apostolado, não a partir do sucesso, mas a partir da fraqueza, o que não indica fracasso, mas sucesso de Cristo e não do apóstolo. Paulo espera que eles compreendam que os caminhos de Deus entre os seres humanos e sua relação com seus apóstolos não seguem a lógica difusa, em parte, pela comunidade coríntia. Paulo quer demonstrar, muito pelo contrário, que a fraqueza é intrínseca ao apostolado e isto ele o faz em 2Co 10-13.[176]

Paulo não desistiu de sua missão por causa das grandes angústias enfrentadas. Se o tivesse feito, com certeza, não teria ido muito longe, pois sofreu do início ao fim da sua vida cristã. Ele permanecia firme, fundamentado na certeza de que seus sofrimentos eram um sinal de que era um autêntico ministro de Jesus Cristo.

> Ele defende que essas marcas são próprias de seu compromisso com o ministério (11.23) e estão em consonância com o sacrifício de Cristo (13.4). Por isso, pelas marcas do sofrimento (11.23-27), o apóstolo se considera um ministro de Cristo.[177]

---

175 Boor, *Carta aos coríntios*, p. 460.
176 Luís Henrique da Silva, "O sofrimento apostólico de Paulo", in: *Coletânea*: Revista de Filosofia e Teologia da Faculdade de São Bento do Rio de Janeiro, nº 13, 2008, p. 126.
177 Garcia, "O sofrimento e a missão", p. 34.

Atualmente, muitos pastores entram em crise devido aos fortes sofrimentos enfrentados. Estes facilmente são associados a pastores fracos, que carecem de força e poder. Os fortes e espirituais são os que apresentam sinais, prodígios e poderes miraculosos. Paulo não negou a importância destes atributos, inclusive afirmando que ele os possuía. No entanto, também valorizou muito o sofrimento como uma marca que apontava o sucesso de um ministério.

Seu sofrimento era o diferencial, em comparação com os falsos apóstolos. Para ele, as angústias são diretamente proporcionais ao compromisso que o ministro tem com suas igrejas.

> Para ele as marcas de um ministério com autoridade não se dão em torno de sinais que valorizam o ser humano, mas sim pelos sinais que apontam o compromisso e o cuidado com as comunidades de fé. Esse cuidado muitas vezes gera o sofrimento oriundo da missão.[178]

Se os atuais pastores que sofrem pensassem como Paulo, certamente, muitas tristezas e tensões poderiam ser minimizadas. Se eles se conscientizassem que parte do seu sofrimento confirma que são ministros legítimos de Cristo, parte das suas angústias poderiam ser aliviadas. Se, assim como Paulo, entenderem que uma parcela das suas aflições é inevitável, decorrente do compromisso que eles possuem com a igreja, com certeza encontrarão algum consolo e alívio. Este é o tipo de sofrimento que deveria orgulhar e não deprimir os servos de Deus.

3.3 Para Paulo: na fraqueza, ele era forte

Paulo continua surpreendendo e desafiando conceitos atuais agora devido ao seu posicionamento com relação à fraqueza. No mundo atual, ser chamado de fraco é totalmente negativo. Quando um pastor é considerado fraco, provavelmente não se sente muito confortável e entenderá a avaliação como

---

178 Ibid, p. 35.

sendo muito desfavorável. Paulo tinha um entendimento diferente. Para ele, o fato de ser fraco não era motivo de tristeza e desânimo, mas de alegria, chegando a afirmar que poderia se gloriar nas suas fraquezas (2Co 12.5).

Ele fez esta afirmação quando, ainda se defendendo das acusações dos falsos apóstolos, narrou uma visão que teve em sua vida. Foi naquela ocasião que, para evitar que ele se exaltasse por causa da magnitude das revelações, foi-lhe dado o espinho na carne, do qual já falamos. Paulo pediu três vezes que o Senhor o livrasse deste mal. Como seu pedido não foi atendido, fez esta declaração impressionante:

> *Pelo que sinto prazer nas fraquezas, nas injúrias, nas necessidades, nas perseguições, nas angústias, por amor de Cristo. Porque, quando sou fraco, então, é que sou forte* (2Co 12.10).

Na literatura paulina, o termo *astheneia* ("fraqueza") desempenha um papel inconfundível. No grego clássico, na LXX e em outros autores neotestamentários, o termo quase sempre tem o sentido de "doença" ou "impotência". Em Paulo, porém, a palavra se desenvolve em um conceito teológico significativo, em especial em seus escritos mais importantes: 1 e 2 Coríntios e Romanos. O termo *astheneia* e seus cognatos (*astheneô, asthenêma, asthenês*) ocorrem 15 vezes em 1 Coríntios, 14 em 2 Coríntios, 8 em Romanos, mas só 7 vezes em todas as outras cartas paulinas.[179]

Sem dúvida, o tema "fraqueza" tinha uma grande importância na vida de Paulo. A ocorrência da palavra em seus escritos aponta para isso. Em especial na segunda Carta aos Coríntios, ele desenvolveu a fraqueza como tema teológico importante para defender-se dos ataques que havia recebido dos falsos apóstolos.

> Paulo ataca certos adversários judeu-cristãos que se vangloriavam de seu conhecimento e aptidão comparados com as evidentes imperfeições paulinas. Diante dessa oposição, Paulo toma as acusações que eles fazem quanto à sua "fraqueza" e as aplica ao propósito de defender seu Evangelho e seu ministério.[180]

---

179 Black, David Alan, "Fraqueza", in: Hawthorne, Martin e Reid, *Dicionário de Paulo e suas cartas*, 2ª ed., p. 571 e 572.

180 Ibid., p. 572.

Todavia, Paulo, com certeza, não era um masoquista que tinha prazer no próprio sofrimento. O fato de ele conseguir se alegrar em meio às angústias tinha um bom motivo, que ficou evidente na resposta que recebeu de Deus quando solicitou a retirada do espinho na carne:

> *A minha graça te basta, porque o poder se aperfeiçoa na fraqueza. De boa vontade, pois, me gloriarei nas fraquezas, para que sobre mim repouse o poder de Cristo* (2Co 12.9).

Quando ele era fraco, o poder de Cristo atuava mais sobre e através dele. O fato de reconhecer sua fraqueza o tornava mais dependente do poder de Deus. Esta era sua grande vantagem, a dependência de Deus. Em Deus é que estava o segredo da sua força. E quanto mais fraco estava, mais precisava da força de Deus.

> Tendo aprendido que o poder de Cristo se aperfeiçoa na fraqueza, Paulo alegra-se de poder gloriar-se em suas fraquezas. Isto não significa que ele usufrui suas fraquezas pelo que são; ele se deleita, isto sim, no poder de Cristo que nele habita, em meio a tais fraquezas.[181]

A força estava no Senhor e não nele. O ser humano é incapaz de cumprir o propósito do seu chamado sozinho, sem o auxílio de Deus. Paulo tinha consciência disso; por isso, não se abalava com suas fraquezas, mas considerava-se mais forte quando enfrentava suas angústias e limitações. Agindo assim, Jesus era exaltado e nao ele.

> Se um apóstolo liberto dos golpes de Satanás fosse pessoalmente mais forte, assim também teria menos necessidade do poder de Jesus, e também o comunicaria menos. Sendo atacado e golpeado em tamanha medida, ele consegue realizar suas tarefas unicamente pelo poder de seu Senhor.[182]

Para Paulo, era isso que importava. Através da sua fraqueza, o Senhor é que se tornava visível e seu objetivo era alcançado. Ele não vivia para buscar sua própria honra, mas para que seus seguidores enxergassem Jesus por

---

181 Kruse, *II Coríntios introdução e comentário*, p. 220, 221.
182 Boor, *Carta aos coríntios*, p. 470.

meio da sua vida. Atingindo esse objetivo, podia gloriar-se nas suas fraquezas, que eram o caminho para que Cristo fosse exaltado.

> O sofrimento, portanto, exerce um papel pedagógico ensinando Paulo a compreender que quanto mais ele depender do poder de Cristo, tanto mais seu ministério será eficaz. A pedagogia encontra-se no fato de que o sofrimento exerce a função positiva de prevenir o apóstolo de confiar somente em si mesmo ou em suas aptidões e dotes.[183]

O sofrimento levou Paulo a compreender que seu sucesso dependia do poder de Deus e não dele próprio. Ele era simplesmente um instrumento utilizado por Deus, o que não é pouca coisa. Ao contrário do que os falsos apóstolos imaginavam, apóstolos fracos eram mais úteis a Deus. Eles se submetiam à sua vontade, dependiam dele e ficavam totalmente satisfeitos quando o Senhor era exaltado, em detrimento da própria exaltação. Paulo ensinava que toda vanglória própria era totalmente incompatível com o apostolado.

Ainda hoje esse ensinamento é de difícil compreensão. Provavelmente, ainda há pastores que sofrem tentando mostrar que não são fracos. Buscam conformar-se com o que é aceito pela sociedade e pelos membros, que valorizam o forte em detrimento do fraco. Se entendessem o pensamento paulino, que Deus é exaltado em suas fraquezas, encontrariam descanso e alívio para suas almas. Paulo compreendeu muito bem essa verdade, que trazia alívio para os sofrimentos enfrentados em sua vida.

> Contrariamente aos seus opositores, Paulo insiste que Deus requer apóstolos fracos. Se eles não são naturalmente assim, Deus irá mostrar-lhes que assim devem considerar-se, pois nesta relação de dependência, encontra-se a verdadeira identidade do apóstolo, para que sobre ele reine o poder de Cristo.[184]

---

183 Silva, *O sofrimento apostólico de Paulo*, p. 125.

184 Ibid, p. 129.

3.4 Paulo participava dos sofrimentos de Cristo

Não menos interessante e profundo é o entendimento de Paulo de que ele participava dos sofrimentos de Cristo. Este é um raciocínio que ele explicita em várias ocasiões. Ele – como cristão e, principalmente, como apóstolo de Cristo – tinha convicção de que participava dos sofrimentos de seu Senhor. Para ele, isso era inevitável e natural, não causando surpresa alguma. Este pensamento era derivado do seu entendimento sobre salvação. Para Paulo, a salvação era um processo, "uma experiência contínua não só de vida, mas também de morte. A santificação é um morrer e um viver. Tanto a morte como a vida estão em ação no crente".[185]

No processo da salvação, o cristão passará por situações boas e más. Haverá dias tranquilos e outros com grandes angústias e dores. Para Paulo não havia nada de errado nisso. Ele mesmo o experimentava em sua vida. Os cristãos, embora vivos, são sempre entregues à morte por amor a Jesus, para que a vida dele seja percebida no corpo mortal dos seus seguidores (2Co 4.11). O passar por sofrimentos não é sinal de fraqueza ou deficiência na fé. É algo natural, que faz parte da vida de qualquer cristão e mesmo da vida de pastores e apóstolos.

O sofrimento só acabará após a morte física do cristão. Enquanto houver vida, haverá sofrimento. Paulo trata deste assunto em 2 Coríntios, capítulos 4 e 5.

> Sofrer agora é preparação necessária para a glória futura e complemento dela (4.17s) [...] Só quando a morte tiver dito sua palavra final, quando a mortalidade se tiver corrompido até a morte, só então o crente escapará das garras da morte. Só quando a 'morada' corporal tiver sido renovada na ressurreição (5.1-5), estará completo o processo da salvação.[186]

Paulo falava e ensinava com propriedade porque ele próprio experimentava o sofrimento em sua vida.

---

185 Dunn, A teologia do apóstolo Paulo, p. 546.
186 Ibid, p. 547.

Algumas passagens mostram o pensamento de Paulo sobre sua participação nos sofrimentos de Cristo.

> ... para o conhecer [Cristo], e o poder da sua ressurreição, e a comunhão dos seus sofrimentos, conformando-me com ele na sua morte; para, de algum modo, alcançar a ressurreição dentre os mortos (Fp 3.10s).

Normalmente os seres humanos são bastante egoístas no entendimento do Evangelho, buscam somente a felicidade, a parte que lhes traz benefícios, como a salvação e a ressurreição dos mortos. Buscam o que "Cristo tem de vantagens para nós". Paulo buscava Cristo de maneira completa e entendia que disso também fazia parte a participação em seus sofrimentos e em sua morte.

> Para nós, a "participação em seus sofrimentos" significa, na melhor das hipóteses, um fardo do qual não nos esquivamos propriamente; mas a condição normal que desejamos é que Jesus nos livre, como igreja e indivíduos, dos sofrimentos e que possamos fruir em paz e felicidade os frutos da paixão dele. Paulo, porém, via na "participação em seus sofrimentos" algo que ele ambicionava como um bem tão sublime quanto a "força de sua ressurreição".[187]

O fato de participar dos sofrimentos de Cristo não diminuía em nada sua autoridade como apóstolo. Muito pelo contrário, em suas cartas aos Coríntios ele argumentou que eram os perigos, maus tratos, prisões e humilhações que o diferenciavam dos falsos apóstolos. Suas dores e angústias não anulavam, mas confirmavam seu apostolado. Paulo tinha consciência de que seu sofrimento tinha coerência com a realidade da vida.

Ele estava argumentando contra a ideia que defendia a ressurreição como um evento já experimentado no batismo, excluindo toda a esperança futura. Para Paulo,

> o único meio de obter o poder da sua ressurreição é pela prontidão em ter a comunhão dos seus sofrimentos e, assim, tornar-se como ele na sua morte[188].

---

187 Eberhard Hahn e Werner de Boor, *Carta aos Efésios, Filipenses e Colossenses*. (Curitiba: Esperança, 2006): p. 241.

188 Ralph Martin, *Filipenses: introdução e comentário*. (São Paulo: Mundo Cristão, 1992): p. 148.

O batismo não garante a passagem mística do cristão para uma existência fora do alcance dos sofrimentos.

Em outra passagem, Paulo novamente sublinha que os cristãos passarão por sofrimentos, argumentando que os filhos e herdeiros de Deus são coerdeiros de Cristo, se de fato participam dos seus sofrimentos, para que também participem da sua glória (Rm 8.17). O legado para os cristãos não contém apenas a glória futura, é natural que eles participem também dos seus sofrimentos.

> Os sofrimentos são o recibo que comprova aos cristãos de que estão em Cristo, neles a comunhão com Cristo torna-se palpável para eles. Pois seu Senhor se distingue de todos os demais senhores pela sua cruz. Na verdade, ele já foi exaltado, mas, por enquanto, sozinho. Os cristãos, porém, como seus seguidores, ainda pertencem ao lugar que ele deixou. Eles concretizam em seu lugar nesta terra a missão dele, de maneira que também lhes cabe concluir os sofrimentos dele.[189]

Para Paulo, o fato de participar dos sofrimentos de Cristo é algo positivo, pois comprova que está em Cristo. O sofrimento dos cristãos é inevitável; afinal, é consequência da sua condição como seguidores de Jesus.

> A vida do ser humano no 'presente século' (que não é a vida eterna, mas a traz em seu bojo), está sob a sombra do sofrimento, que a envolve qual manto escuro, que a ameaça como espada sacada da bainha, qual paredão em vias de ruir.[190]

Além do sofrimento como cristão, ele também tinha consciência de que, como pastor, líder de igrejas, sofreria ainda mais. Afirmou, falando aos Colossenses, que além de tudo, ainda sofria em favor da igreja.

> *Agora, me regozijo nos meus sofrimentos por vós; e preencho o que resta das aflições de Cristo, na minha carne, a favor do seu corpo, que é a igreja...* (Cl 1.24).

---

189 Adolf Pohl, *Carta aos Romanos*. (Curitiba: Esperança, 1999): p. 135.
190 Karl Barth, *Carta aos Romanos*. (Barueri/SP: Novo Século, 2003): p. 469.

A igreja de Cristo obrigatoriamente sofrerá (1Ts 3.3):

> Autênticas "tribulações de Cristo", porém, fazem parte da vida e caminhada da igreja de Cristo, porque a configuração da cruz do Cristo também determina seu corpo, a igreja.[191]

Paulo, como ministro da igreja, assumiu pessoalmente parte dos sofrimentos destinados ao corpo de Cristo. Fazendo isso, aliviou o sofrimento da igreja. Sem dúvida, é um pensamento de difícil compreensão, ainda mais quando percebemos que o apóstolo se alegrava em seu sofrimento. Ele não se queixou e nem reclamou. Não buscou se livrar das angústias e dores; muito pelo contrário, sabia que esse sofrimento era inevitável. O trabalho de Paulo não foi interrompido nem atrapalhado pelo sofrimento, foi muito bem executado.

Novamente essa postura que Paulo teve perante o sofrimento pode ajudar os atuais pastores. Ele estava convicto de que sua posição de cristão e líder o tornava participante dos sofrimentos de Cristo. Era assim e ele não podia lutar contra, nem evitá-los. Existem sofrimentos pelos quais pastores passam que são por Cristo, estes não podem ser evitados. Todavia, ele nunca abandonou sua missão nem permitiu que as dificuldades paralisassem seu trabalho. Seguiu em frente, firmando-se e alegrando-se por poder participar dos sofrimentos de Cristo.

3.5 O sofrimento não tirava a alegria de Paulo

Apesar da magnitude das dificuldades enfrentadas, Paulo jamais reclamou ou se queixou por causa delas. Nunca se revoltou contra Deus. Muito pelo contrário, conseguia viver com alegria. A "alegria no Senhor" é um tema importante em seus escritos. Ele falou tantas vezes sobre o tema que pode ser considerado o teólogo da alegria. É interessante que uma pessoa que sofreu tanto seja reconhecida pela sua alegria. Naturalmente imaginamos que uma

---

191 Hahn e Boor, *Carta aos Efésios, Filipenses e Colossenses*, p. 308.

pessoa que sofreu muito não pode ser feliz. Paulo mostrou que é possível viver com alegria, apesar das aflições que enfrentou.

> Das 326 ocorrências das palavras que indicam alegria no NT, 131 encontram-se nas 10 cartas que costumam ser atribuídas a Paulo, isto é, 40 por cento. Mesmo que Efésios e Colossenses não sejam levadas em conta, ainda resta uma alta porcentagem do vocabulário de alegria no NT atribuível a Paulo. Assim, é bem possível considerar Paulo o teólogo da alegria, da mesma forma que, sem dúvida, ele era o teólogo da graça.[192]

Provavelmente, o melhor exemplo de alegria apesar do sofrimento seja a carta que Paulo escreveu aos Filipenses. Nela ele fala muito sobre a "alegria no Senhor". Quando escreveu esta carta ele estava preso (Fl 1.7,13s,17), o que torna a situação muito mais interessante e real. O que escreveu não seria tão impactante se ele não estivesse passando por uma situação tão angustiante. Falar de alegria na cadeia seria algo bem complicado para qualquer pessoa. No entanto, Paulo sentia alegria, mesmo que as circunstâncias não fossem favoráveis.

> Quando o trecho subsequente passa a falar dele mesmo e de sua condição pessoal, a alegria tem a última palavra também nesse caso. Aquilo que ele experimenta em Roma é bastante singular e deixaria muitas pessoas amarguradas. Porém em Paulo tudo resulta em alegria.[193]

Ele não somente aconselhou que os membros da igreja fossem sempre alegres, mesmo que passassem por angústias, mas dava o exemplo. Estava alegre mesmo em uma situação de grande dificuldade. Quando muitos estariam tristes e deprimidos, ele sentia a alegria no Senhor. Mesmo preso e muito desconfortável, não murmurava nem reclamava de Deus. Para Paulo era possível enfrentar as lutas da vida e circunstâncias extremamente desconfortáveis com alegria.

Em várias passagens da Carta aos Filipenses, Paulo declarou estar alegre (Fp 1.4,18,25; 2.2). Vários são os motivos que o levavam a este estado.

---

192 Morrice, William G., "Alegria", in: Hawthorne, Martin e Reid, *Dicionário de Paulo e suas cartas*, 2ª ed., p. 45.
193 Hahn e Boor, *Carta aos Efésios, Filipenses e Colossenses*, p. 168.

O avanço do Evangelho e a participação dos filipenses neste trabalho e a unidade da igreja estão entre os motivos. No entanto, o que se destaca em alguns versículos é que ele estava alegre mesmo enfrentando sofrimentos. Mesmo que sua vida estivesse correndo sérios riscos devido ao julgamento que teria de enfrentar, ele continuava alegre. Ao fim do processo poderia ser condenado à morte. Mesmo com estas perspectivas nada animadoras, ele estava animado e alegre (Fp 2.17s).

Novamente a capacidade de se alegrar em meio ao sofrimento ficou evidente. Quando a maioria ficaria muito abatida e deprimida, Paulo conseguiu se alegrar em meio a uma realidade muito negativa.

> O que haveria a lamentar e prantear nisso? Paulo somente consegue se alegrar, e se alegrar com os filipenses. Por isso ele também pede aos filipenses que não fiquem perturbados e tristes se a notícia de sua execução chegar a Filipos, mas que se alegrem com ele pelo sacrifício consumado que tem o privilégio de glorificar o nome de Jesus.[194]

Parece que as circunstâncias exteriores não tinham poder para tirar a alegria de Paulo. Ao longo da carta, ele continuou insistindo: *Alegrai-vos sempre no Senhor; outra vez digo: alegrai-vos* (Fp 4.4). Era isso que ele vivia e transmitia. No Senhor, ele sempre poderia ter alegria, mesmo que seu trabalho o cansasse, mesmo que enfrentasse aflições e angústias por causa da sua missão. Ainda assim, a alegria no Senhor permanecia inabalada. Ela era uma marca da sua vida, e ele entendia que a igreja em Filipos deveria seguir seu exemplo.

Houve outras situações em que Paulo esteve preso e não se abalou. Na sua passagem por Filipos, na segunda viagem missionária, foi preso por fazer o que era seu trabalho. Após expulsar um mau espírito de uma moça que adivinhava o futuro, ele e Silas foram surrados e jogados na cadeia (At 16.16-23). Paulo foi preso cumprindo a missão que lhe fora dada por Deus. Mais uma vez, enfrentava uma situação muito angustiante e dolorida. Mesmo nesta situação tão desconfortável, ele não murmurou nem reclamou. Pelo contrário, Paulo e Silas oravam e cantavam hinos a Deus (At 16.25).

---

194 Ibid, p. 224.

Novamente, Paulo demonstrava alegria em meio a sofrimentos. Quando o caminho natural seria reclamar e questionar a Deus, ele demonstrava alegria, apesar da dor.

> No meio do seu sofrimento, no entanto, revelaram a sua confiança em Deus, bem como sua alegria nele, enquanto oravam e cantavam louvores a Deus. Aqui temos um retrato concreto de "gloriar-se no meio da tribulação" que é um ideal cristão.[195]

Além de manter a alegria, Paulo continuava seu trabalho pastoral em meio à dor. Quando o terremoto aconteceu levando pânico ao local, ele fez o que se espera de um pastor. Acalmou a situação, impediu o suicídio do carcereiro e ainda pregou o Evangelho ao próprio carcereiro e à sua família. O resultado foi que todos foram batizados (At 16.26-34). Paulo estava tão bem em meio a uma situação totalmente desesperadora, que nem mesmo sua missão deixou de ser cumprida. Para ele, todas as situações pelas quais passava eram ocasiões ideais para completar a missão para a qual havia sido chamado por Deus.

E não somente isto, mas também nos gloriamos nas próprias tribulações... (Rm 5.3), escreveu aos romanos. Hoje uma afirmação assim é muito estranha, pode parecer um tanto masoquista. Todavia, no Novo Testamento as dores e angústias eram entendidas como experiências normais para todos os cristãos.

> Mas as aflições e tribulações não eram somente consideradas como um traço inevitável da sorte do cristão. Eram vistas como uma característica do verdadeiro cristianismo: eram um sinal de que Deus considerava os que as suportavam como dignos do seu reino.[196]

O fato de cristãos e pastores sofrerem não vai contra os ensinamentos da Palavra de Deus. Na maioria das vezes também não significa que eles têm pouca fé ou estão em pecado. Mesmo pessoas em perfeita paz e comunhão com Deus enfrentam períodos complicados, repletos de dores e angústias.

---

195 Marshall, *Atos: introdução e comentário*, p. 254.
196 Bruce, *Paulo o apóstolo da graça. Sua vida, cartas e teologia*, p. 98.

> Existem suspiros, gemidos, ais, murmurações e fraquezas, na paz de Deus. Isto significa que não devemos dar ouvidos aos tais parladores que querem apenas cristãos fortes e não toleram os fracos; [...] Na paz de Deus existe um "sofrer", um "submergir", um "estar perdido" e "ser estraçalhado".[197]

Nesta passagem, existe uma explicação que ajuda a atender o porquê da alegria, apesar do sofrimento. Paulo entendia que as angústias e dores moldavam seu caráter e também o faziam participante dos sofrimentos de Cristo. Havia vantagens no sofrimento. Ele produz perseverança, um caráter aprovado e esperança. Paulo conseguia enxergar muitos benefícios, ele era o início de uma sequência de resultados positivos.

Os pensamentos paulinos sobre alegria mostram que,

> para Paulo, a alegria é um entendimento da existência que nos possibilita aceitar o entusiasmo e a depressão, aceitar com submissão criativa acontecimentos que não trazem nem prazer nem desalento, porque a alegria nos permite ver além de todo acontecimento a soberania do Senhor que está acima de todos os acontecimentos.[198]

Ele não permitia que acontecimentos desagradáveis roubassem sua alegria no Senhor, pois esta não estava fundamentada em circunstâncias externas, ela se baseava no Senhor.

Um pensamento assim seria de grande auxílio para os atuais pastores. Se, em meio às dificuldades, conseguissem aplicar os conceitos paulinos sobre a alegria no sofrimento, com certeza teriam uma vida mais tranquila e alegre. Se entendessem que, como pastores, também estão sujeitos a crises e que podem manter-se alegres mesmo em meio às dores poderiam trazer alívio às suas almas. Assim como Paulo, poderiam viver alegres e despreocupados, apesar do sofrimento que, inevitavelmente, os atingirá.

---

197 Barth, *Carta aos romanos*, p. 243, 244.
198 Hawthorne, Gerald F., "Filipenses, Carta aos", in: Hawthorne, Martin e Reid, *Dicionário de Paulo e suas cartas*, 2ª ed., p. 563.

3.6 Cuidem de vocês mesmos

Apesar de ter sido muito perseverante e determinado para enfrentar sofrimentos, Paulo sabia que, como pastor, precisava se cuidar. Não poderia negligenciar o cuidado próprio, pois isso aumentaria ainda mais suas aflições. Com certeza, ele tomava cuidados com relação à sua vida, e isso o fazia ainda mais forte. Certa vez, falando aos presbíteros da igreja em Éfeso, aconselhou que eles cuidassem de si.

> *Atendei por vós e por todo o rebanho sobre o qual o Espírito Santo vos constituiu bispos, para pastoreardes a igreja de Deus, a qual ele comprou com o seu próprio sangue* (At 20.28).

Possivelmente, Paulo pressentia que não voltaria mais à Ásia e estava preocupado em deixar instruções claras sobre como os presbíteros deveriam agir quando ele já não estivesse mais presente. Os versículos posteriores deixam claro que ele se importava em manter a igreja atenta sobre possíveis "lobos vorazes" que "não pouparão o rebanho" (At 20.29). Também temia que entre os próprios pastores surgissem os que "torcerão a verdade" para iludir os cristãos (At 20.30 – NVI). Para que eles não fossem influenciados por ideias erradas e "outros evangelhos", deveriam ficar atentos e se cuidar.

O conselho de Paulo é muito importante, pois são palavras de pastor para pastores e, mesmo hoje, não deveriam ser ignoradas por líderes de igrejas. Mesmo sendo pastores, supostamente mais maduros do que os membros, também necessitam de cuidados consigo mesmos para evitar que sejam envolvidos por pensamentos equivocados promovidos por hereges, denominado por ele de "lobos".

> Sendo "presbíteros", não estão menos, e sim mais ameaçados do que os demais. O inimigo, o verdadeiro "lobo", que se esconde atrás dos "lobos" (Jo 10.12), tem a intenção de vitimar especialmente a eles.[199]

---

199 Boor, *Carta aos coríntios*, p. 298.

Interessante que, para Paulo, o cuidado próprio vem antes do cuidado com os outros.

> Devem prestar atenção à sua própria condição espiritual bem como aquela da igreja; é somente na medida em que os próprios líderes permanecem fiéis a Deus que podem esperar que a igreja faça da mesma forma.[200]

Se os pastores caírem, fatalmente influenciarão grande parte da igreja. Por este motivo, o cuidado do pastor com sua vida espiritual é muito importante.

Em outra oportunidade, falando a seu discípulo Timóteo, Paulo novamente fez uma exortação que inclui o cuidado que o pastor precisa ter com sua própria vida. *Tem cuidado de ti mesmo e da doutrina. Continua nestes deveres; porque, fazendo assim, salvarás tanto a ti mesmo como aos teus ouvintes* (1Tm 4.16). Novamente, o cuidado com a vida do pastor vem antes do cuidado com a doutrina. Muitos se preocupam em demasia com a doutrina e os trabalhos da igreja e acabam, assim, negligenciando o cuidado com sua própria vida perante Deus.

Há outros que acham que, mantendo-se ocupados e ativos com inúmeras atividades não precisam se preocupar com questões pessoais. No entanto, conforme o pensamento paulino, isso não é verdade.

> Nenhum ativismo, por mais intenso que seja, pode substituir o cuidado com a própria vida. Aqui não se fala de um egoísmo devoto, do cultivo egocêntrico da alma visando o bem-estar pessoal. Mas está inequivocamente claro que o ministério de atalaia sobre o próprio coração é e continua prioritário em relação à doutrina.[201]

Não é possível que pastores ignorem o cuidado com suas vidas. Se isso acontecer, fatalmente se desgastarão, causando sofrimentos a si próprios e às igrejas.

---

200 Marshall, *Atos: introdução e comentário*, p. 311.
201 Boor e Bürki, *Carta aos Tessalonicenses, Timóteo, Tito e Filemon*, p. 250.

Apesar do alerta e dos conselhos de Paulo, ainda há pessoas no meio eclesiástico, que não conseguem entender que o pastor também precisa de tempo para cuidar de si mesmo. Para estas, ele precisa sempre estar à disposição e ter uma conduta exemplar. Todavia, para manter uma vida espiritual saudável, é preciso se cuidar em todas as áreas. Uma vida espiritual equilibrada também requer cuidados na área psicológica, física e social.

Atualmente, parece que é comum o entendimento de que o pastor precisa "gastar-se por amor a Cristo", não precisa cuidar de si mesmo, pois isso Deus fará. No entanto, nem sempre foi assim. Houve épocas em que o cuidar-se a si mesmo era muito valorizado.

> Para os gregos, esse preceito do 'cuidado de si, configura um dos grandes princípios das cidades, uma das grandes regras de conduta da vida social e pessoal, um dos fundamentos da arte de viver. É uma noção que, para nós hoje em dia, perdeu sua força e é obscura.[202]

Segundo Foucault, nossa tradição filosófica tem insistido muito sobre o "conhece-te a ti mesmo", que era comum na filosofia da Antiguidade, em detrimento do "cuide de você mesmo". No entanto, não é possível conhecer a si mesmo, deixando de cuidar de si mesmo, pois " 'conhece-te a ti mesmo' significa 'não imagines que és um Deus' ".[203] O "conhecer a si mesmo" que tinha o sentido de "cuide da sua moral, aperfeiçoe-se na sabedoria e na verdade", e é tão valorizado na atualidade, só tem sentido se estiver associado ao "cuide de você".

> Nos textos gregos e romanos, a injunção para conhecer-se a si mesmo está sempre associada àquele outro princípio que é o cuidado de si, e é essa necessidade de tomar conta de si que torna possível a aplicação da máxima délfica.[204]

---

202 Michel Foucault, "As técnicas de si", in: Hutton (P.H.), Gutman (H.) e Martin (L.H.), ed. *Technologies of the Self. A Seminar with Michel Foucault.* (Anherst/MA: The University of Massachusetts Press, 1988) (Em português, disponível em http://cognitiveenhancement.weebly.com/uploads/1/8/5/1/18518906/as_tcnicas_do_si_-_michel_foucault.pdf. Acesso em 16/10/2017)

203 Ibid.

204 Ibid.

Parece que ainda hoje há equívocos em relação aos termos "conhece-te a ti mesmo e cuide de si mesmo". Também existe a suspeita de que houve uma inversão.

> O cuidado de si mesmo assume uma expressão egoísta, que, se voltada apenas para as satisfações pessoais, levantaria a suspeita de não ser condizente com os princípios do cristianismo ascético.[205]

Atualmente, no contexto eclesiástico, parece que não é muito espiritual um pastor dizer que cuida de si mesmo, chega a ser quase imoral ou egoísta. Se ele o faz, não renuncia a si mesmo e não é bíblico, afinal de contas ele serve ao Deus do impossível e deve deixar tudo em suas mãos.

Por isso, quanto mais espiritual, mais vai se desgastar sem nenhuma preocupação com sua saúde. Aparentemente, para os pastores vale o seguinte ditado: "conhece-te a ti mesmo e cuida do outro".[206] É nítido que, para grande parte da comunidade cristã o pastor deve ter a postura de um super-herói: muito ativo quando se trata da saúde e problemas alheios, porém totalmente passivo e sem iniciativa quando sua própria vida está em jogo. Sem dúvida alguma, essas interpretações equivocadas pressionam os pastores, que acabam deixando de se cuidar e se tornam vítimas em potencial de patologias associadas à falta de cuidado próprio.

Muitos "se doam por amor a Cristo" e não atentam para seu próprio estado, não cuidando de si mesmos. Isso parece bem espiritual, porém não combina com o exemplo do próprio Jesus. Ele, muitas vezes, se retirava em momentos de grande tensão, consciente que ainda não havia chegado sua hora. Sabia que, por vezes, é necessário se ausentar para sobreviver.

> Em meio a um ministério atarefado, Jesus também separou um tempo para recarregar suas baterias. Às vezes ele usava minirretiros para orar. Outras vezes, aparentemente, conversava com seus amigos, e talvez houvesse momentos em que ele só descansava. As pessoas estavam procurando por ele, e

---
205 Oliveira, *Cuidando de quem cuida*, p. 27-28.
206 Ibid, p. 28.

muitas precisavam de cura, mas ele fazia uma pausa para obter o rejuvenescimento de que necessitava.[207]

Os conselhos de Paulo aos pastores de Éfeso e a Timóteo não podem ser negligenciados. O pastor não deve se deixar influenciar pela pressão das pessoas, mas cuidar de si mesmo. Além de Paulo, há outros argumentos e experiências que comprovam essa necessidade. Sempre que o cuidado ao rebanho é muito enfatizado e o cuidado próprio é ignorado, há uma desobediência à Palavra de Deus, que inspirou Paulo a escrever as palavras de alerta aos pastores.

> Não são raras as situações em que o pastor se propõe a cuidar do rebanho de Deus, mas esquece de cuidar de si mesmo, desobedecendo ao Senhor, que inspirou Paulo a escrever essas palavras no intuito de que seu escolhido para o ministério pastoral estivesse atento para não incorrer neste erro. Vale ressaltar que, quando o pastor não cuida de si mesmo, pode vir a adoecer. Assim, em vez de colaborar para a edificação da igreja, pode ocorrer justamente o contrário.[208]

Quando o cuidado a si mesmo não é observado, fatalmente haverá enormes prejuízos na vida do pastor. Cada vez mais pastores têm relatado suas experiências para alertar outros que não conseguem enxergar os perigos. Há aqueles que estão em um ativismo exagerado e não percebem que estão caminhando para o colapso. Quando os conselhos de Paulo não são observados, o perigo de ficar esgotado é muito grande. Exemplos de esgotamento não faltam.

> Era uma agradável tarde na Califórnia. Saí para caminhar antes de apresentar uma palestra num congresso sobre liderança. Ainda não consigo lembrar como cheguei ali, mas vi-me sentado no meio-fio chorando compulsivamente. Não conseguiria dizer se aquilo acontecera de repente ou de forma gradual, mas sabia que alguma coisa havia se rompido dentro de mim. Lembro-me de erguer minhas mãos trêmulas e perguntar em voz alta: "Mas o que está acontecendo comigo?" Eu vinha andando com o tanque vazio.[209]

---

207 Collins, *Aconselhamento cristão*, p. 699.
208 Lopes, Lopes e Deus, *Fundamentos da teologia pastoral*, p. 83.
209 Cordeiro, *Andando com o tanque vazio?*, p. 13.

Para que situações assim sejam evitadas, é necessário cuidar de si mesmo. Esta atitude, dentro de limites saudáveis, não é egoísmo e sim uma necessidade imprescindível dos pastores, daqueles que cuidam dos outros. É uma questão de sobrevivência. Com certeza, Paulo só conseguiu suportar todos os sofrimentos e continuar cumprindo sua missão porque se cuidava, praticava o que aconselhou aos outros pastores.

Não é difícil perceber que cuidar de si mesmo é uma atitude preventiva. O pastor que se cuida está se protegendo de graves distúrbios e doenças. "Quando cuidadores precisam de cuidados? Pode-se dizer que preventivamente, sempre".[210] É possível se proteger, prevenindo que crises e dores levem a graves esgotamentos. Ao contrário do que muitas vezes parece, prevenir-se é muito fácil, não exige atitudes complicadas e é sempre mais eficaz do que remediar.

Atitudes preventivas simples podem ajudar – e muito! – a manter a saúde do pastor.

> Lazer, atividade física regular, alimentação equilibrada, descanso restaurador, pertença como pessoa (e não como profissional) a uma comunidade, espiritualidade sadia, ações solidárias e relações afetivas e efetivas são bons parâmetros.[211]

Com um pouco de iniciativa e disciplina, é possível que todo pastor implemente essas sugestões em sua rotina. As vantagens serão logo sentidas e, com certeza, estará muito mais protegido em relação a crises e doenças.

Se a advertência de Paulo com relação ao cuidado pessoal fosse considerada atualmente, certamente muitos sofrimentos dos pastores abordados no primeiro capítulo seriam amenizados e até exterminados. Sem dúvida, se pastores cuidarem da sua própria vida e as igrejas cuidarem dos seus pastores, a situação melhorará muito. O cuidado preventivo ao pastor nunca deve ser negligenciado. Quando observado, gera mais qualidade e longevidade.

---

210 Oliveira, *Pra não perder a alma*, p. 73.
211 Ibid.

3.7 Tenham amigos e compartilhem as dificuldades

Conforme já abordado no ponto 1.2.6, pastores são pessoas solitárias. A solidão é um grande desafio enfrentado por eles. Com Paulo também não foi diferente. No ponto 2.3.8 mostramos como ele se sentia só e abandonado no final da sua vida. Assim como os pastores atuais, Paulo experimentou a solidão. Todavia, ele tinha maneiras para enfrentar este sofrimento. Foi quando estava abandonado e aprisionado, às vésperas de um julgamento que poderia condená-lo à morte, que Paulo mostrou o que é importante para enfrentar a solidão.

Timóteo, o destinatário da carta, era muito próximo de Paulo. A amizade entre os dois já durava muito tempo. Timóteo era nativo de Listra e filho de um casamento misto, mãe judia e pai grego. É provável que tenha se tornado cristão na primeira viagem missionária de Paulo, quando este passou pela cidade natal dele. Aproximadamente dois anos depois o apóstolo incluiu-o no seu grupo de viagens, talvez em substituição a João Marcos. Isso aconteceu em Listra, no início da segunda viagem missionária.

> A partir de então, foi companheiro constante de Paulo e seu amigo íntimo, e cooperou com ele em várias das suas cartas e foi encarregado de várias missões importantes.[212]

O primeiro trabalho de Timóteo como colaborador de Paulo foi encorajar os cristãos perseguidos de Tessalônica. Esteve presente na pregação de Paulo, em Corinto (2Co 1.19), e no ministério de Paulo em Éfeso. De lá, em companhia de Erasto, foi enviado para uma missão importante na Macedônia e, em seguida, deveria ir a Corinto (1Co 4.17). Acompanhou Paulo na viagem para Jerusalém com a coleta (At 20.4s) e também há indicações (1Tm 1.3) de que tenha sido deixado em Éfeso para tratar dos falsos mestres e supervisionar o culto público.

---

212 J. N. D. Kelly. *I e II Timóteo: introdução e comentário*. (São Paulo: Mundo Cristão, 1991): p. 9.

Todas essas missões demonstram como Timóteo tinha a total confiança de Paulo e era muito importante para ele. Algumas vezes, isso foi demonstrado por meio dos conselhos que ele dava ao amigo. Não deveria dar lugar às paixões da mocidade (2Tm 2.22) e não deveria se envergonhar do Evangelho (2Tm 1.8). Outras vezes era recomendado para as igrejas, a fim de que elas o recebessem bem, pois ele colaborava com Paulo na obra do Senhor (1Co 16.10).

Timóteo também foi citado como "coautor" de algumas epístolas de Paulo. Seu nome foi mencionado no início da Segunda Carta aos Coríntios, assim como também na Carta aos Filipenses, e aos Colossenses, nos duas Cartas aos Tessalonicenses e, inclusive, na Carta a Filemon. Todos estes dados não deixam dúvidas de que Timóteo era um amigo íntimo de Paulo. Mostra também que esta sólida amizade foi conquistada aos poucos e por meio de muitas demonstrações de confiança e fidelidade mútuas.

Quando Paulo escreveu uma carta ao seu amigo Timóteo, o chamou de *amado filho* (2Tm 1.2). Mais uma vez, demonstrou de maneira clara como a amizade com Timóteo era profunda.

> Um amor pessoal e afetuoso une o apóstolo ao seu mais fiel colaborador. O pai espiritual que se tornou idoso emprega a expressão mais terna que conhece para o jovem que amadureceu como homem: "meu amado filho".[213]

Paulo tinha um amigo em quem podia confiar, que já tinha demonstrado toda a sua fidelidade e sinceridade em diversas ocasiões.

Não é de se admirar que, em um momento de profunda dor e solidão, Paulo desejasse se encontrar com seu amigo Timóteo. *Procura vir ter comigo depressa* (2Tm 4.9), foi o que ele recomendou. No versículo 21, Paulo pediu que ele viesse antes do inverno, mostrando que esperava muito vê-lo. Ele ansiava por este encontro.

> Agora ele pede por comunhão com o filho amado. Sofre com sua solidão. A verdadeira humanidade desse homem se expressa de forma comovente no insistente pedido: Vem o quanto antes até mim.[214]

---

213 Boor e Bürki, *Carta aos Tessalonicenses, Timóteo, Tito e Filemon*, p. 307.
214 Ibid, p. 376.

O fato de chamar o amigo em um momento de angústia e dor é muito significativo. Com esta atitude, Paulo mostrou como é importante ter amigos sinceros e leais. Amigos com os quais seja possível contar quando as dores aparecerem. Seu exemplo não deveria ser ignorado pelos pastores de nossos dias. Assim como ele, cada pastor deveria ter pelo menos um amigo em sua vida. Alguém maduro e preparado para ouvir e auxiliar em momentos de profunda aflição.

Além de Timóteo, a presença de Marcos foi solicitada. Aquele que um dia tinha sido rejeitado por ter desistido da primeira viagem missionária, agora poderia ser útil para o ministério de Paulo. Esta afirmação pode indicar que poderia ser importante no serviço pessoal a Paulo, também auxiliando-o a enfrentar a situação crítica e tensa pela qual passava. Para Paulo, a presença de amigos em momentos de angústia era fundamental e ele não podia abrir mão desta ajuda.

O papel do amigo Timóteo ficou claro quando, no trecho final da carta, Paulo contou a ele o que estava passando. Havia sido abandonado por Demas, um colaborador próximo (2Tm 4.10). "Em vez de perseverar na comunhão com o apóstolo prisioneiro, correndo perigo de vida, valorizou e preferiu a vida no presente período de tempo".[215] Foi prejudicado por Alexandre (2Tm 4.14) e completamente abandonado em sua primeira defesa (2Tm 4.16).

Digno de nota é que Paulo desabafou com Timóteo. Contou a ele exatamente o que estava sentindo e porque se sentia tão triste. O abandono dos amigos e da igreja, a maldade de Alexandre, tudo foi relatado ao amigo. Mais uma vez, o pastor que muito sofreu por causa de seu trabalho deixou uma valiosa lição: tenha um amigo para desabafar sobre os problemas que lhe causavam sofrimento. Esse ensinamento também não deve ser ignorado atualmente. O desabafo é muito importante para a saúde física, espiritual e psicológica dos pastores.

Não foi somente Paulo que percebeu o grande benefício de amigos sinceros com os quais é possível compartilhar problemas e dificuldades.

---

215   Ibid.

Pastores, muitas vezes, gostam de ficar sozinhos após um dia atendendo pessoas. Atitudes assim podem ser úteis, porém não é recomendável afastar-se de pessoas que possam auxiliar na renovação das forças.

> Parentes, amigos íntimos, colegas e irmãos em Cristo podem ser úteis, principalmente se podemos ficar à vontade e eles não nos trazem seus problemas para que os aconselhemos fora do expediente.[216]

Os pastores devem seguir o exemplo de Paulo. Para que se mantenham saudáveis e equilibrados, é fundamental que tenham amigos com os quais possam desabafar, fazer o que Paulo fez, contando a Timóteo o que lhe causava dor.

> O desabafo é uma oportunidade de repartir o peso da alma. Cuidadores estão sujeitos às mesmas limitações da vida como qualquer mortal, por isso a amizade e/ou a terapia se fazem necessárias, criando possibilidades de chorar, de contar o que passou.[217]

Parece que a época atual incentiva um estilo de vida individualista e centrado no "eu", o que contribui para a solidão das pessoas. Esta situação dificulta ainda mais a procura por amizades sinceras e verdadeiras. Entre os pastores, também há essa dificuldade. Eles são treinados para ouvir outros, mas quando procuram alguém para ouvi-los podem ter grandes dificuldades. Excesso de atividades, medo de expor suas dores e dificuldades em iniciar amizades são barreiras para que pastores encontrem amizades sinceras.

Para que um pastor mantenha sua saúde, é imprescindível que ele tenha alguém que o ouça, uma pessoa com quem possa compartilhar seus medos e angústias. Alguém que seja preparado para uma "escuta terapêutica", que é "uma escuta de cuidado, com afeto, não superficial, com o objetivo de pastorear".[218] Quando um pastor tem um amigo apto a este tipo de conversa, só haverá benefícios.

---

216 Collins, *Aconselhamento cristão*, p. 699.
217 Oliveira, *Pra não perder a alma*, p. 85.
218 Oliveira, *Cuidando de quem cuida*, p. 105.

A necessidade da escuta terapêutica se reflete na vida dos pastores. Sendo eles mesmos ouvintes de muitas situações de angústia e dor, percebem-se por vezes aturdidos ou angustiados, ou simplesmente somatizam suas dores sem se darem conta da demanda emocional que enfrentam e quando procuram um ombro amigo, nem sempre o encontram.[219]

Apesar da dificuldade em encontrar amigos qualificados atualmente, um pastor precisa se empenhar nisso. Quem tem amigos como Timóteo, terá mais chances em cumprir a missão de Deus, caminhar apesar dos sofrimentos.

Pode ser um conselheiro profissional, um grupo de apoio ou alguém mais velho do que você (ou, pelo menos, mais velho na fé). Pode ser um presbítero de sua igreja, um pastor ou alguém da área empresarial.[220]

O exemplo de Paulo não deixa dúvidas: pastor, priorize a busca por um amigo com quem possa desabafar e dividir suas angústias e dores.

3.8 O sofrimento atual é bem menor do que a glória futura

Não são poucas as dicas de Paulo para enfrentar os sofrimentos. Sem dúvida, a maneira como ele os enfrentava tem muito a ensinar aos atuais pastores. No entanto, se os princípios paulinos sobre sofrimento apresentados neste capítulo não forem suficientes, Paulo ainda acrescentou mais um argumento. Quando escreveu aos coríntios, afirmou:

> *Por isso, não desanimamos; pelo contrário, mesmo que o nosso homem exterior se corrompa, contudo, o nosso homem interior se renova de dia em dia. Porque a nossa leve e momentânea tribulação produz para nós eterno peso de glória, acima de toda comparação...* (2Co 4.16s).

---

219 Ibid.
220 Cordeiro, Andando com o tanque vazio?, p. 13.

Paulo afirmou que não desanimava, ainda que as angústias e dores o desgastassem. Mesmo que as aflições o judiassem, interiormente ele estava sendo renovado. Com certeza suas forças físicas, psíquicas e intelectuais eram abaladas pelos sofrimentos pelos quais passava. No entanto, ele conseguia ficar animado em meio às circunstâncias adversas porque vislumbrava a glória vindoura.

> Na nova existência da ressurreição eles serão 'apresentados' diante da face do Deus vivo em conjunto com a amada igreja. Como poderia haver cansaço e desânimo diante desse alvo?[221]

Em comparação com a glória futura, suas grandes dores e angústias tornavam-se leves e momentâneas. Como já demonstrado anteriormente, Paulo sofreu intensamente. No entanto,

> as aflições são leves e momentâneas, comparadas com o peso e o caráter eterno da glória que ele vai experimentar um dia. Paulo suporta as aflições da era presente, neste mundo visível, porque mantém diante de seus olhos as glórias do mundo a ser desvendado.[222]

Em 2 Coríntios 11.23-33 Paulo descreveu todo o peso dos seus sofrimentos. Porém, apesar de serem muito graves e extensos, ainda assim são momentâneos. A glória eterna é infinitamente superior. O apóstolo também via uma relação direta entre as angústias suportadas e a glória eterna, que pesa mais do que todos os sofrimentos (2Co 4.17).

> O versículo 17, traduzido de modo um pouco mais literal, diria algo assim: "porque a nossa leveza temporária de aflição está produzindo para nós um eterno peso de glória inteiramente desproporcional (a essa aflição)".[223]

Aproximadamente um ou dois anos mais tarde – escrevendo aos Romanos, provavelmente de Corinto – Paulo afirmou que é necessário participar dos sofrimentos de Cristo para que seja possível participar também

---

221 Boor, *Carta aos Coríntios*, p. 372.
222 Kruse, *II Coríntios: introdução e comentário*, p. 117.
223 Ibid, p. 118.

da sua glória (Rm 8.17). No versículo seguinte complementou: "Porque para mim tenho por certo que os sofrimentos do tempo presente não podem ser comparados com a glória a ser revelada em nós" (Rm 8.18). Para ele, não existia comparação entre os sofrimentos atuais e a glória futura.

Parece que Paulo colocou na balança, para ver se há equilíbrio entre alegria e sofrimento.

> O prato da balança em que foram descarregadas as aflições do tempo final sobe para o alto por ser extremamente leve em comparação com a glória futura, imensa, no prato oposto.[224]

Ele não tinha dúvidas de que as aflições pelas quais passava em vida não eram nada se comparadas com a glória que o aguardava.

Em comparação com a glória futura até mesmo os graves e profundos sofrimentos que enfrentava se tornavam um nada. E Paulo sofria muito, falava de experiência própria. Ele não era alguém que falava sem ter experimentado o que propunha a seus leitores. Sua própria experiência tornou suas palavras ainda mais significativas. Mesmo sofrendo intensamente, ele considerava a dor "um passo no movimento que conduz da morte para a vida".[225] Os sofrimentos não eram o fim, ainda mais se comparados com a glória que experimentaria.

> Os sofrimentos do "presente século" não pesam na balança porque eles já foram pesados em Jesus Cristo; porque eles nem são significativos para nossa presente vida, a não ser como sinal de suas limitações, ou melhor (eles mostram o limite, a barreira externa, onde se dá) a supressão do sofrimento pela vida eterna, pois o tempo no qual vivemos e sofremos, o tempo presente, é o tempo em que se nos revela a glória de Deus, justamente no sofrimento.[226]

A comparação do sofrimento neste mundo com a glória vindoura parece ser o argumento derradeiro de Paulo para os que sofrem pelo nome de Jesus. Se nenhum dos seus pensamentos anteriores auxiliarem para que vivam e

---

224 Pohl, *Carta aos Romanos*, p. 137.
225 Barth, *Carta aos Romanos*, p. 474.
226 Ibid, p. 473.

continuem suas missões apesar das dores e angústias, ele dá um conselho final: comparem as aflições com a glória futura. Olhem para frente e sonhem com a recompensa eterna, prometida por Deus para todos os que permanecerem fiéis. Essa glória que os espera é incomparavelmente superior às presentes aflições.

Novamente, Paulo trouxe um argumento muito útil para os pastores atuais. Pensar na recompensa que os aguarda pode ser libertador. Não há como ficar indiferente sempre que vislumbramos aquilo que Deus prometeu a seus filhos que perseverarem até o final. Aquele que enfrentou grandes aflições e, ainda assim, cumpriu fielmente a missão recebida por Deus, deve ser ouvido quando o assunto é perseverança em meio às angústias.

Não é difícil imaginar o que Paulo diria hoje aos atuais pastores: quando a dor se intensificar, ficar insuportável, imagine que, um dia, você receberá sua recompensa, que é muito maior do que qualquer angústia que já enfrentou ou ainda enfrentará. Neste glorioso dia, o próprio Deus o consolará, pois *lhes enxugará dos olhos toda lágrima, e a morte* já não existirá, *já não haverá luto, nem pranto, nem dor, porque as primeiras coisas passaram* (Ap 21.4).

Conclusão

Querido leitor, ao final do livro é importante fazer um levantamento do que foi estudado. Creio que os números e exemplos apresentados, comprovaram que pastores também enfrentam dificuldades em sua vida. Algumas igrejas já perceberam isso, pois pastores estão pedindo licença das suas atividades. Estatísticas também comprovam que, cada vez mais, pastores deixaram o ministério nos últimos anos, fruto do esgotamento e da ausência de melhores perspectivas. Isso tem acontecido tanto no Brasil quanto nos Estados Unidos. Também foi verificado o aumento do número de suicídios de pastores nestes dois países. Estes dados auxiliaram a demonstrar que pastores são pessoas que também estão sujeitas a aflições.

Entendo que também consegui mostrar algumas causas do sofrimento dos pastores. Provavelmente, a maioria está ligada à igreja e ao próprio pastor. O fato de muitas igrejas considerarem o pastor imune a problemas e dificuldades faz com que não cuidem deles. Da mesma maneira, constatamos que ainda há pastores que entendem não precisar de cuidados, pois foram ensinados a cuidar dos outros e sabem como evitar ser atingidos por problemas. Pensando assim, os próprios pastores se prejudicam.

Confirmamos que excesso de cobranças e críticas podem gerar tensões ao pastor. Quando sua família é atingida, isso causa um desgaste ainda maior. O sofrimento das pessoas que recebem cuidado pastoral também pode criar aflições nos próprios pastores. Apesar de estarem, geralmente, envolvidos com pessoas, em várias ocasiões, pastores se sentem sozinhos, podem sofrer com a solidão.

Atualmente, a obsessão por crescimento tem levado muitas igrejas a serem tratadas como empresas. Sempre que isso acontece, o pastor tende a sofrer grandes pressões. Foi mostrado que a remuneração insuficiente também é um grande causador de sofrimento ao pastor e sua família. Parece que estes motivos são suficientes para exemplificar o que causa sofrimento aos pastores. Com certeza, outros poderiam ser acrescentados. O objetivo nunca foi esgotar o tema, mas conscientizar que o problema existe e incentivar a busca por soluções.

A Bíblia fala sobre sofrimento. O sofrimento atinge a todos, não somente os pastores. Como consequência da queda, todos os seres humanos enfrentam dificuldades para levantar seu sustento. Além disso, ainda existe o sofrimento próprio dos líderes, que é o caso dos pastores. Eles são atingidos por sofrimentos causados pela posição de liderança que ocupam. Paulo foi tomado como exemplo de pastor bíblico, pois sofreu muito atuando como pastor, enfrentou diversas dificuldades, foi perseguido por judeus, gentios e judaizantes. Perseguições, fugas, surras e prisões eram causadas pelos dois primeiros grupos. Os judaizantes, cristãos que lutavam pelo cumprimento das leis judaicas, constantemente se opuseram ao trabalho de Paulo. Algumas vezes, ele foi zombado e desprezado enquanto pregava a Palavra de Deus. Por incrível que pareça, enfrentou o desânimo e a ansiedade.

Por vezes, seu sofrimento foi causado por igrejas. Teve dúvidas sobre a direção de Deus, conviveu com o espinho na carne e sofreu por causa de falsas acusações e calúnias. Estas o levaram a um longo período de reclusão.

Seu sofrimento durou a vida inteira. No final de sua existência, estava só e abandonado. A vida de Paulo comprovou que o sofrimento não é exclusivo dos atuais pastores. Já no tempo bíblico, sua vida comprova que eles também enfrentavam muitas dificuldades.

Após a constatação de que pastores sofrem e já sofriam no início da história da igreja, é muito importante buscar auxílio para este problema, encontrar algo que possa ajudar os atuais pastores a superarem suas angústias e dores. Novamente, tomei o pastor Paulo como exemplo. A maneira como ele encarava as dificuldades é ímpar e pode ser de grande valia ainda hoje. Para ele, seu sofrimento não era algo ruim, mas consequência da fidelidade ao seu chamado. Ele sofria por Cristo. O fato de sofrer era consequência de ele ser um verdadeiro apóstolo. Suas dificuldades não eram um sinal de que estava fracassando em sua missão. Ao contrário do que se pensa, na fraqueza, ele foi forte, pois aí o poder de Cristo atuou através dele.

Paulo tinha certeza de que participava dos sofrimentos de Cristo, e isso não tirava sua alegria. Ele não se queixava e conseguia ser alegre apesar das dores que o incomodavam. Paulo deixou ensinamentos para os atuais pastores: cuidem de vocês mesmos e tenham amigos confiáveis para compartilhar suas dificuldades. O cuidar de si mesmo é tão importante como cuidar dos outros, o que, em geral, é prioridade para os pastores. Ter amigos é um ensinamento muito importante na luta contra a solidão pastoral. Ele também estava muito consciente de que o atual sofrimento é muito menor do que a glória futura que espera pelos servos fiéis de Deus. Se nada ajuda, é essencial lembrar que, para um cristão, o melhor ainda está por vir. Os ensinamentos de Paulo podem ser uma grande fonte de ajuda e consolo para pastores.

Seu exemplo, a maneira como ele encarava seus sofrimentos é muito importante e não pode ser negligenciado pelos atuais pastores que buscam alívio para suas dores. Sua vida foi intensa e produtiva, apesar da magnitude das aflições que enfrentou. Ele nunca desistiu, continuou sua caminhada apesar das dificuldades, que nunca o impediram de cumprir o chamado recebido de Deus. Pelo contrário, ele tinha consciência de que enfrentava muitas dores por Cristo.

Parece que o sofrimento do pastor não é um tema muito atraente. Normalmente, tudo que tem relação com dores, angústias e aflições não é muito agradável, nem popular. No entanto, apesar de ainda ignorado por uma grande parte dos membros da igreja, este é um problema que precisa ser levado a sério. Como pastor, garanto que nós também sofremos, não estamos imunes às mazelas da vida.

Provavelmente esta é a notícia ruim e que talvez decepcione pastores e igrejas: pastores são humanos e sofrem como qualquer outra pessoa que trabalha pelo seu sustento. Também enfrentam dificuldades por serem pastores e porque sofrem por Cristo. O exemplo de Paulo mostra que pastores também já sofriam em outras épocas e que não é possível acabar com seu sofrimento. No entanto, apesar das dificuldades, é possível e necessário continuar a caminhada. Esta é a notícia boa, uma valiosa lição deixada por Paulo. Sempre há soluções; desistir não é desejável, nem necessário.

Com esse livro pretendo motivar tanto pastores quanto igrejas a buscarem uma solução para o fato. Apesar de haver sofrimentos pelos quais os pastores terão que passar por Cristo, há uma parcela significativa de dificuldades que são evitáveis. Estas são geradas pela falta de cuidado da igreja com seu pastor e a falta de cuidado próprio dos pastores.

Se igrejas cuidarem melhor de seus pastores e os próprios pastores cuidarem melhor de si mesmos, há grandes esperanças de que os sofrimentos sejam minimizados. Parece que o maior desafio a ser vencido é conscientizar igrejas e pastores de que o sofrimento é algo real e precisa ser tratado. Igrejas, ajudem seus pastores, cuidem deles, eles também precisam de cuidado!

Após este estudo, é possível lançar ideias que ajudem os pastores em seus ministérios. Uma sugestão é incluir matérias sobre o sofrimento pastoral nos currículos de formação de pastores. Parece que esta é uma lacuna importante, e suas consequências estão sendo muito sentidas. É imprescindível ensinar aos futuros pastores que eles devem se cuidar durante sua vida. É preciso tomar medidas preventivas que tornem a caminhada mais leve e agradável. Ter amigos, lazer, cuidar da saúde são alguns pontos importantes que devem ser ensinados.

Parece que, atualmente, a formação é mais enfática no sentido cuidado com os outros; falta, entretanto, a dimensão do cuidar de si mesmo e ter amigos para compartilhar dificuldades, tão enfatizados por Paulo. Também é importante dizer para os aspirantes ao pastorado que eles fatalmente passarão por dificuldades, que virão sem grandes explicações e que precisarão ser suportadas. Ainda mais porque atualmente percebemos que há movimentos que buscam a supressão total dos sofrimentos humanos.

Todavia, o exemplo de Paulo também deixa claro que pastores sofrem porque seguem Jesus. Isso é inevitável e precisa ser muito bem trabalhado nos candidatos ao pastorado. Quando o sofrimento por Jesus chegar, é preciso ter muito equilíbrio e maturidade para continuar a caminhada. Paulo ensina que isso é possível e precisa ser ensinado nas escolas que formam pastores.

As igrejas também precisam ser conscientizadas de que pastores não são invencíveis, mas enfrentam dificuldades e precisam de apoio. Elas podem ser um grande auxílio para pastores em meio a dificuldades. Parece que atualmente as igrejas não têm cumprido bem este papel. Muito pelo contrário, conforme mostrado no primeiro capítulo, percebemos que muitas têm causado grandes e graves problemas aos pastores e suas famílias. As igrejas têm sido muito mais parte do problema do que solução, como deveria ser.

Este quadro precisa ser mudado. As igrejas precisam compreender que os pastores são tão humanos quanto os membros. Elas precisam aprender a cuidar dos pastores e oferecer condições para que os mesmos exerçam sua missão sem sofrimentos desnecessários. Sim, os pastores sofrerão por Cristo e precisam estar preparados para esta realidade. Porém, é inadmissível que algumas igrejas continuem se acomodando com esta ideia e não assumam a sua responsabilidade pelo sofrimento que têm causado a seus pastores.

Com este livro também gostaria de incentivar que outras pesquisas sobre o mesmo tema sejam feitas. Ainda há muito trabalho pela frente. Com certeza, ainda há mais fatos que comprovam o sofrimento dos pastores. Há muitas outras causas de sofrimentos que não foram apresentadas. Seria muito bom se cada igreja pesquisasse o assunto e identificasse o que tem causado sofrimento ao seu pastor. É possível contextualizar a pesquisa para cada caso. Isso seria muito importante para identificar e prevenir.

A Bíblia também tem muitos outros exemplos, além de Paulo, de pessoas que tinham a função de pastor e sofriam fazendo seu trabalho. O sofrimento é um tema importante na Bíblia e muito ainda pode ser pesquisado. O próprio Jesus traz ensinamentos valiosos sobre o assunto. Encontrar maneiras para ajudar os pastores que sofrem é um tema que precisa ser aprofundado. O exemplo de Paulo é um auxílio; no entanto, há muitas outras maneiras de proporcionar ajuda. Neste caso, é imprescindível que cada contexto seja estudado e soluções sejam encontradas.

Os sofrimentos dos pastores nunca serão exterminados, pois uma parcela das suas dificuldades decorre do fato de seguirem Jesus e enfrentarem resistência do mundo espiritual. No entanto, é possível criar alternativas para melhorar o atual estado de dificuldades decorrentes da falta de cuidado próprio e da falta de cuidado das igrejas com seus pastores. Se houver uma melhora no panorama atual, de aparente falta de cuidados, todos ganharão.

Pastores ganharão em qualidade de vida, trabalharão mais satisfeitos e não pensarão mais com tanta frequência em abandonar seus ministérios e buscar outra ocupação. Terão muito mais alegria em seu trabalho e, seguramente, seu rendimento aumentará, pois se sentirão mais acolhidos pelas igrejas. Suas famílias viverão mais tranquilas, uma vez que se sentirão amadas e apoiadas, o que também aumentará o entusiasmo do pastor, mesmo enfrentando dificuldades decorrentes da sua fidelidade a Jesus.

Certamente, as igrejas também serão diretamente beneficiadas, pois serão mais bem cuidadas se seus pastores estiverem satisfeitos. Quando a igreja cuida bem do seu pastor, o investimento traz grande retorno para ela própria. Qualquer atitude neste sentido não deve soar como prejuízo às igrejas. Ao contrário, além de cumprirem seu dever, ainda serão abençoadas por ter um pastor satisfeito liderando seus membros. Enfim, com os pastores bem cuidados todos ganham e caminham com maior paz e tranquilidade para glorificar a Deus!

Referências bibliográficas

ARAGÃO, Jarbas. "Três pastores se suicidaram nos últimos 30 dias", in: *Gospel Prime*, 12/12/2013. Disponível em https://goo.gl/9toiz2 (acesso em 03/10/2017).

BARTH, Karl. *Carta aos Romanos*. (São Paulo: Novo Século, 2003.)

BÍBLIA. *Bíblia Sagrada. Almeida Revista e Atualizada*. (Barueri/SP. Sociedade Bíblica do Brasil, 1988, 1993.)

BOOR, Werner de. *Atos dos apóstolos*. (Curitiba: Esperança, 2002.)

_____. *Carta aos coríntios*. (Curitiba: Esperança, 2004.)

BOOR, Werner de e BÜRKI, Hans. *Carta aos Tessalonicenses, Timóteo, Tito e Filemon*. (Curitiba: Esperança, 2007.)

BRASILEIRO, Marcelo. "Pastores feridos", in: *Cristianismo Hoje*, 03/05/2012. Disponível em https://goo.gl/dLVHaz (acesso em 03/10/2017).

BRUCE, F. F. *Paulo o apóstolo da graça. Sua vida, cartas e teologia.* 2ª. ed. (São Paulo: Shedd, 2003.)

_____. *Romanos introdução e comentário.* (São Paulo: Mundo Cristão, 1988.)

CÉSAR, Marília de Camargo. *Feridos em nome de Deus.* 1ª. ed. (São Paulo: Mundo Cristão, 2009.)

CHAMPLIN, R. N. *O Novo Testamento interpretado versículo por versículo.* Vol. 4. (São Paulo: Hagnos, 2006.)

CLINEBELL, J. *Aconselhamento pastoral. Modelo centrado em libertação e crescimento.* 4ª ed. (São Leopoldo/RS: Sinodal, 2007.)

COLLINS, Garry R. *Aconselhamento cristão. Edição século 21.* 1ª. ed. rev. (São Paulo: Vida Nova, 2012.)

CORDEIRO, Wayne. *Andando com o tanque vazio? Encha o tanque e renove a paixão.* (São Paulo: Vida, 2011.)

DAWN, Marwa. "Prelúdios da redescoberta", in: DAWN, Marva J. e PETERSON, Eugene H. *O pastor desnecessário.* (Rio de Janeiro: Textus, 2000).

DOUGLAS, J. D. *O novo dicionário da Bíblia.* (São Paulo: Vida Nova, 1995.)

DUNN, James D. G. *A teologia do apóstolo Paulo.* (São Paulo: Paulus, 2003.)

FISCHER, David. *O pastor do século 21.* (São Paulo: VIDA, 1999.)

FOUCAULT, Michel. "As técnicas de si", in: Hutton (P.H.), Gutman (H.) e Martin (L.H.), ed. *Technologies of the Self. A Seminar with Michel Foucault.* (Anherst/MA: The University of Massachusetts Press, 1988) (Em português, disponível em http://cognitiveenhancement.weebly.com/uploads/1/8/5/1/18518906/as_tcnicas_do_si-_michel_foucault.pdf. Acesso em 16/10/2017.)

FRAGOSO, S. A. Sérgio. "Qual é o principal objetivo de uma empresa?", in: *Blog Administração e Sucesso*. Disponível em https://goo.gl/GNjyF5 (acesso em 19/10/2017).

GARCIA, Paulo Roberto. "O sofrimento e a missão: reflexões a partir de 2 Coríntios 10-13", in: *Revista Caminhando*, São Bernardo do Campo, v. 15, nº 1, p. 29-37, jan/jun/2010. Disponível em https://goo.gl/aHtU9F (acesso em 17/10/2017).

GIMENEZ, Guilherme A. "A crise no ministério pastoral. Alternativas de diálogo entre a vocação e as crises ministeriais." Dissertação para obtenção do grau de Mestre na Universidade Metodista de São Paulo. (São Paulo: UMESP, 2002.) Cópia recebida diretamente do autor.

GONDIM, Ricardo. "Se eu fosse mais velho!", in: *Ultimato*, ed. 279, nov/dez/2002. Disponível em: https://goo.gl/hvuNQo (acesso em 05/10/2017).

GROESCHEL, Craig. *Confissões de um pastor.* (São Paulo: Mundo Cristão, 2007.)

GRUDEM, Wayne. *Teologia Sistemática. Atual e exaustiva.* 2ª ed. (São Paulo: Vida Nova, 2011.)

G1 SÃO PAULO, "Número de evangélicos aumenta 61% em 10 anos, aponta IBGE", in: *G1 Brasil,* 29/06/2012. Disponível em https://goo.gl/YBFSfc (acesso em19/10/20177).

GUTHRIE, Donald. *Gálatas: introdução e comentário.* (São Paulo: Vida Nova, 1992.)

HAHN, Eberhard e BOOR, Werner de. *Carta aos Efésios, Filipenses e Colossenses.* (Curitiba: Esperança, 2006.)

HAWTHORNE, Gerald F.; MARTIN, Ralph P. e REID, Daniel G (org.). *Dicionário de Paulo e suas cartas.* 2ª ed. (São Paulo: Vida Nova, Paulus, Loyola, 2008.)

IBGE. "Censo 2010: número de católicos cai e aumenta o de evangélicos, espíritas e sem religião", in: *Agência IBGE notícias*. Disponível em https://goo.gl/cjmYjv (acesso em: 12 ago. 2015).

KELLY, J. N. D. *I e II Timóteo: introdução e comentário*. (São Paulo: Mundo Cristão, 1991.)

KEMP, Jaime. *Pastores em perigo*. 2ª. ed. (São Paulo: Sepal, 1996a.)

_____. *Pastores ainda em perigo*. (São Paulo: Sepal, 1996b.)

KRUSE, Colin. *II Coríntios introdução e comentário*. (São Paulo: Vida Nova, 1994.)

LOPES, Edson Pereira; LOPES, Nívea Costa da Silva e DEUS, Pérsio Ribeiro Gomes de. *Fundamentos da teologia pastoral*. (São Paulo: Mundo Cristão, 2011.)

LUTZER, Erwin. *De pastor para pastor*. (São Paulo: Vida, 1998.)

MACARTHUR Jr, John. (Org.). *Redescobrindo o ministério pastoral: Moldando o ministério contemporânea aos preceitos bíblicos*. (Rio de Janeiro: CPAD, 1998.)

MALDONADO, Jorge E. *Crises e perdas na família: consolando os que sofrem*. (Viçosa/MG: Ultimato, 2005.)

MARSHALL, I. Howard. *Atos: introdução e comentário*, 1ª ed. (São Paulo: Mundo Cristão, 1982.)

_____. *I e II Tessalonicenses: introdução e comentário*. (São Paulo: Mundo Cristão, 1993.)

MARTIN, Ralph P. *Filipenses: introdução e comentário*. (São Paulo: Mundo Cristão, 1992.)

MARTINS, José C. "Pastor precisa de pastor?", in: *Ultimato*, nº 291 nov/dez 2004. Disponível em https://goo.gl/E9Jij2 (acesso em 03/10/2017).

NOVA AGÊNCIA GOSPEL, "Pastor Agnaldo da 1ª. Igreja Batista de Serrinha se enforca numa corda", in: site da Rádio Xavantes. Disponível em https://goo.gl/3ybdx6 (acesso em 19/10/2017).

OLIVEIRA, Roseli M. K. de. *Cuidando de quem cuida: Um olhar de cuidados aos que ministram a palavra de Deus*, 4ª. ed. (Joinville: Grafar, 2012.)

_____. *Pra não perder a alma. O cuidado aos cuidadores.* (São Leopoldo/RS: Sinodal, 2012b.)

PEIXOTO, Leandro B. "Spurgeon e a superação do sofrimento", in: site da Igreja Batista Central de Campinas, 12/10/2014. Disponível em http://goo.glCxKkDT (acesso em 16/10/2017).

PETERSEN, William, J. *O discipulado de Timóteo.* (São Paulo: Vida, 1986.)

PETERSON, Eugene. "Sobre ser desnecessário", in: DAWN, Marva J. e PETERSON, Eugene H. *O pastor desnecessário.* (Rio de Janeiro: Textus, 2000): p. 19-36.

_____. "Paulo: terminando a carreira em Roma", in: DAWN, Marva J. e PETERSON, Eugene H. *O pastor desnecessário.* (Rio de Janeiro: Textus, 2000a.): p. 55-71.

_____. "Tito: Começando a carreira", in: DAWN, Marva J. e PETERSON, Eugene H. *O pastor desnecessário.* (Rio de Janeiro: Textus, 2000c): p. 171-190.

_____. *O pastor que Deus usa.* (Rio de Janeiro: Textus, 2003.)

_____. *A vocação espiritual do pastor. Redescobrindo o chamado ministerial.* (São Paulo: Mundo Cristão, 2008.)

POHL, Adolf. *Carta aos Romanos.* (Curitiba: Esperança, 1999.)

ROBERTSON, A. T. Épocas na *vida de Paulo*. (Rio de Janeiro: Casa Publicadora Batista, 1953.)

SILVA, Luís Henrique da. "O sofrimento apostólico de Paulo", in: *Revista Coletânea*. (Rio de Janeiro, ano VII, fascículo 13, 2008.)

SOUSA, Ricardo Barbosa de, "Prefácio", in: PETERSON, Eugene H., *A vocação espiritual do pastor. Redescobrindo o chamado ministerial.* (São Paulo: Mundo Cristão, 2008): p. 7-11.

SWINDOLL, Charles R. *Paulo: um homem de coragem e graça.* (São Paulo: Mundo Cristão, 2012.)

WEDEL, Siegfrid. "Pastores também são ovelhas". Monografia apresentada no Programa de Pós-Graduação em Ministério Pastoral da Faculdade Fidelis. (Curitiba: Fidelis, 2008.) Cópia recebida diretamente do autor.

Leia também:

CONFLITOS: OPORTUNIDADE OU PERIGO?

A arte de transformar conflitos em relacionamentos saudáveis

Ernst W. Janzen

Onde dois ou três se reúnem, há um conflito em vista.

Conflitos simplesmente acontecem e estão presentes no trabalho, na família, na igreja e em nossos relacionamentos em geral. Lidar com conflitos de maneira construtiva é algo que pode ser aprendido, com a graça e a misericórdia de Deus.

Existem princípios divinos que podem transformar os nossos relacionamentos e fazer com que sejamos reais pacificadores.

CONFLITOS NA IGREJA

Como sobreviver aos conflitos e desenvolver uma cultura de paz

Ernst W. Janzen

Como ficaria a igreja se todos enfrentassem conflitos como você?

Conflitos trazem revelações sobre nossa fé e nosso caráter: nossa disposição ou negação de sermos o Corpo de Cristo. Creio que a igreja é o lugar que Deus quer utilizar para restaurar vidas e desenvolver uma cultura de paz.

Este livro tem como objetivo despertar uma reflexão sobre a natureza dos conflitos na igreja e apresentar alternativas de resposta.

LIDERANDO PELA PREGAÇÃO
Uma visão diferenciada

Johannes Reimer

Há muito tempo ouvem-se queixas de que muitas pregações são tediosas, que a proclamação é ineficiente e que por isso a vida da igreja parece pouco convidativa tanto para as pessoas de dentro quanto as de fora.

Este livro vai em busca das causas dessa situação e oferece soluções. O autor entende a pregação como um acontecimento da comunicação que precisa alcançar certos objetivos se quiser obter determinados resultados. A prática da proclamação só mudará quando a função de liderança da pregação for compreendida. O autor não fica apenas na teoria, mas descreve cinco modelos práticos possíveis por meio das cinco formas de pregação.

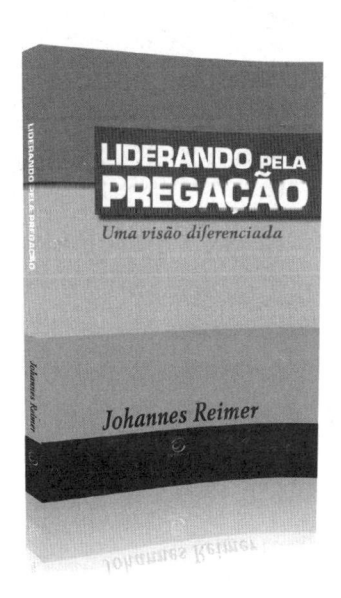

A VERDADE DO EVANGELHO
Um apelo à unidade

John Stott

Depois de sessenta anos de ministério, John Stott, um dos mais respeitados e influentes líderes da igreja cristã contemporânea, presenteia seus leitores com um testemunho lúcido e cativante que resume aquilo que creu e defendeu a vida inteira: a verdade do Evangelho.

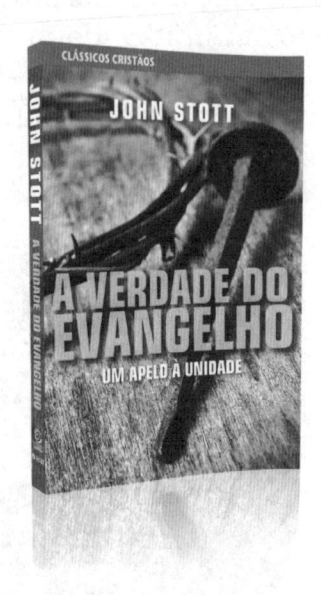

Sobre o livro:

Formato: 16 x 23 cm

Tipo e tamanho: Cambria 11/16

Papel: Capa - Cartão 250 g/m2

Miolo - Polen Bold 70 g/m2

Impressão e acabamento: Imprensa da Fé